PIAZZA
LUOGO DI INCONTRI
Student Activities Manual

Andrea Casson
Fashion Institute of Technology

Donatella Melucci
Georgetown University

Elissa Tognozzi
University of California, Los Angeles

CENGAGE
Learning·

Australia • Brazil • Japan • Korea • Mexico • Singapore • Spain • United Kingdom • United States

ISBN-13: 978-1-285-07697-3
ISBN-10: 1-285-07697-4

Cengage Learning
200 First Stamford Place, 4th Floor
Stamford, CT 06902
USA

Cengage Learning is a leading provider of customized learning solutions with office locations around the globe, including Singapore, the United Kingdom, Australia, Mexico, Brazil, and Japan. Locate your local office at: **www.cengage.com/global.**

Cengage Learning products are represented in Canada by Nelson Education, Ltd.

To learn more about Cengage Learning Solutions, visit **www.cengage.com.**

Purchase any of our products at your local college store or at our preferred online store **www.cengagebrain.com.**

Printed in the United States of America
1 2 3 4 5 6 7 17 16 15 14 13

Piazza's Student Activities Manual is rooted in everyday Italian life, situated in the rhythms of Italy's cities, sights, sounds, flavors, trends, and history. By the end of the program, you will not only have a solid foundation in Italian grammar and vocabulary, you will also have become familiar with Italy's regional variations in landscape, historical sites, festivals, habits, pastimes, and foods. You will perfect the subjunctive mood while eavesdropping on Rome buses, practice the simple past while tracking music venues in Umbria, and learn the imperfect tense by strolling through churches in Florence.

The first half of the Student Activities Manual features the Workbook, or written activities, while the second half features a Lab Manual with listening comprehension and speaking activities. The structure of both the Workbook and Lab Manual chapters is similar: vocabulary is covered in the first few exercises in varied contexts including proverbs, slogans, sayings, and crossword puzzles. A second series of vocabulary exercises, halfway through each Workbook and Lab Manual chapter, reinforces the first set of vocabulary while introducing the vocabulary of the second half of the chapter. Grammar is presented in both the Workbook and Lab Manual following the same format given in the textbook. Each Workbook chapter concludes with a mini-quiz covering the cultural highlights of that chapter.

The Lab Audio Program offers many pronunciation exercises in the early chapters, building gradually into quotes of aphorisms, famous poems, and idiomatic expressions. Before completing an activity, take a moment to read the directions and examples to gain an understanding of the nature of the exercise. Most importantly, remember that repetition is often the key to mastering the material. For spoken activities, recordings of correct answers are provided as the exercise progresses. For comprehension activities, answers can always be verified in iLrn: Heinle Learning Center®.

Through the Lab Manual activities, you will hear real-world examples of conversations between people on the street, all with the goal of giving you the experience of being surrounded by a multitude of voices speaking Italian, that is, the murmuring of ambient sound that you would hear when studying abroad in Italy.

ACKNOWLEDGMENTS

The *Piazza* Student Activities Manual could not have been written without the invaluable feedback of the countless reviewers of this program. I would like to thank the editorial and production team at Heinle, Cengage Learning for their careful edits and handling of the Student Activities Manual. I would especially like to thank Cat Thomson for her patience and guidance. This program has also benefited from meticulous wording and grammar suggestions from Angelo Di Cuonzo. As always, I am deeply grateful to Isabella Bertoletti and James Cascaito for their constant encouragement, expert guidance, creative ideas, and wonderful, multilingual friendship.

—Andrea Casson

"For Glen...without whom all words would seem empty"

WORKBOOK

LAB MANUAL

PIACERE! IO MI CHIAMO…

VOCABOLARIO

Mi chiamo…

P-1. Ciao o Buon giorno? With whom do you use the informal form of address? With whom do you use the **Lei** form? Select the appropriate category for each of the people listed below.

Persone (*People*)	Ciao, come stai?	Buon giorno, come sta?
1. your professor		
2. your little sister		
3. the waiter		
4. your uncle		
5. your mother		
6. the barista		
7. your new friend in class		
8. the elderly lady who lives below you		

P-2. Salve! Read each of the situations below. Match the expressions in the box to the situation that best fits each one.

Buon giorno!	Ciao!	Buona sera!	Arrivederci!
A domani!	A dopo!	Salve!	Buona notte!

1. You get on the bus and see your friend from Italian class. You walk over and say: _ciao_

2. You walk into a bar to have a **caffè** before your 11:00 a.m. class. You greet the **barista**: _buon giorno_

3. You are exhausted, and it is midnight. You say to your roommate: _Buena notte_

4. You walk into the classroom and see a group of your friends; you want to greet them with something different from "**Ciao.**" You say: _Salve!_

5. You tell your best friend you'll see him tomorrow: _A domani_

6. You tell your friend you'll see him later: _A domani_

7. As you enter the university for a late afternoon class, you greet your **professoressa**: _____

8. Class is over, and to say good-bye to the **professore** and your classmates, you say: _____

STRUTTURA 1

L'alfabeto italiano

P-3. Qual è la domanda? Read the hint and choose the word from the box that best completes each question.

stai	va	si scrive	ti chiami	si dice

1. To find out someone's name: Come _ti chiami_?

2. To find out how your friend is feeling: Come _stai_?

3. To figure out how to say something: Come _si dice_?

4. To find out how to spell something: Come _si scrive_?

5. To find out how a friend's day is going: Come _va_?

VOCABOLARIO

Io sto bene, e tu?

P-4. Formale o informale? You are about to go to the university and check on your classes for the first time, and you want to address people correctly. Check the appropriate category for the following expressions: **Formale** for *formal*, **Informale** for *informal*, or **Formale / Informale** for both. Take a minute and review!

Espressioni	Formale	Informale	Formale / Informale
1. Ciao! Come stai?		✓	✓
2. Come si scrive?	✓	✓	✓
3. Grazie!	✓	✓	✓
4. Prego!	✓	✓	✓
5. Come ti chiami?		✓	
6. Sei italiana?		✓	
7. Buon giorno!	✓	✓	✓
8. ArrivederLa!	✓		
9. Come si chiama?	✓		
10. Mi scusi.	✓		
11. Le presento…	✓		
12. Scusa!		✓	

P-5. Buon giorno o Buona notte? Fill in the table. In column **A**, write expressions that indicate arrival. In column **B**, write expressions that indicate departure. Expressions can be both formal and informal. Keep in mind whether it is day (**di giorno**) or evening (**di sera**)!

| Ciao | A domani | Salve | Buon giorno | ArrivederLa |
| A presto | Buona sera | A dopo | A più tardi | Arrivederci |

	A. *Expressions for greeting people*	B. *Expressions for when you leave people*
di giorno © Cengage Learning 2015		
di sera © Cengage Learning 2015		

STRUTTURA 2

Essere e stare (*To be*)

P-6. Chi è (*Who is it*)? Match the subject pronoun in column **B** with the correct person in column **A**.

A		B
lui 1. Luigi		a. lei
lei 2. Maria		b. voi
loro 3. Luigi e Maria		c. lui
noi 4. Io e Maria		d. noi
voi 5. Tu e Luigi		e. loro

P-7. Chi è? Ancora (*Again*). Match the conjugated form of *essere* or *stare* in column **A** with the correct subject in column **B**.

A		B
_io_ 1. sono		a. io e Maria
_tu_ 2. stai		b. Luigi
Luigi 3. è		c. Luigi e Maria
io e Maria 4. siamo		d. tu e Luigi
_io_ 5. state		e. io
Luigi + Maria 6. stanno		f. tu

P-8. Di dove sono? You were introduced to a lot of new faces today! Writing down where everyone is from will help you remember who is who.... Supply the correct form of the verb *essere* to write full sentences explaining where people are from using the cities provided in the box. Their names are clues. The first one has been done for you.

Shanghai	Milano	Tokio	Parigi	Londra	Barcellona	~~Chicago~~

1. Paul Smith è *di Chicago.*
2. Io e Federica Rossi <u>siamo di Milano</u>.
3. Pierre Devereaux <u>è di Parigi</u>.
4. Io e Katherine Windsor <u>siamo di Londra</u>.
5. Pablo Martinez e Mercedes Garcia <u>stanno d Barcellona</u>.
6. Zhu e Jade Chen <u>stanno d Shanghai</u>.
7. Tu, Keiko Nobuko, <u>state Tokio</u>.

P-9. Due dialoghi. Complete the dialogues below by choosing the correct answer so the conversations make sense.

Gli amici in piazza (*informal*)	Le signore in piazza (*formal*)
© Cengage Learning 2015	© Cengage Learning 2015
Marco: Ciao Federica, come (1. va / sei)? **Federica:** Marco! Salve! Ti (2. piacere / presento) Serena! **Marco:** (3. Piacere / Arrivederci) **Serena:** Piacere di conoscerti!	**Signora Verdi:** Buona sera, Signora Rossi! **Signora Rossi:** Buona sera a Lei, Signora Verdi! Come (8. sta / stai)? **Signora Verdi:** Abbastanza bene, e (9. Lei / tu)? **Signora Rossi:** Sto bene, grazie! Signora Verdi, Le presento un'amica, la Signora Viola.
Marco: Serena, di (4. chi / dove) sei? **Serena:** (5. Sono / Sei) di Roma, e tu? **Marco:** Sono (6. di / a) Firenze. **Serena:** Firenze (7. è / sta) una bella città! **Marco:** Grazie! Ragazze, ecco un bar! Caffè? Cappuccino?	**Signora Verdi:** Piacere! Signora Viola, di dov' (10. è / sei) Lei? **Signora Viola:** Sono di Roma, e Lei? **Signora Verdi:** Io sono milanese, come (*like*) la Signora Rossi! Noi (11. siete / siamo) di Milano. **Signora Viola:** Milano è una bella città! ArrivederLa, Signora Verdi. **Signora Verdi:** (12. Ciao / Arrivederci) signore! Buona sera!

P-10. Saluta la signora! In order to show what you have learned, identify all the people you see in the neighborhood! Match each title in the box to the pictures below.

professore	professoressa	signorina	signore	signora

1.

Signorina.

4.

Professore.

2.

Signora.

5.

Professoressa.

3.

Signore.

VOCABOLARIO

I mesi dell'anno (*Months of the year*)

P-11. Che mese è? Isabella dropped her monthly planner and the pages went flying. Now the pages for the months are in the wrong order. Rewrite them in the correct order for her. January is done for you as an example.

agosto	dicembre	ottobre	luglio	febbraio	novembre
marzo	gennaio	maggio	settembre	giugno	aprile

1. gennaio,
2. febbraio,
3. marzo,
4. aprile,
5. maggio,
6. giugno,
7. luglio,
8. agosto,
9. settembre,
10. ottobre,
11. novembre,
12. dicembre,

Numeri e date

P-12. I numeri.

A. Counting by 10's, fill in the missing numbers (no numerals!) in order to reach 100.

zero, dieci, (1.) _____, (2.) _____, quaranta,

(3.) _____, sessanta, (4.) _____, ottanta,

(5.) _____, cento

B. Counting by 3's, fill in the missing numbers (no numerals!) to reach 30.

zero, tre, sei, (6.) _____, (7.) _____, quindici,

(8.) _____, (9.) _____, ventiquattro,

(10.) _____, trenta

C. Counting by 7's, fill in the missing numbers (no numerals!) to reach 70.

zero, sette, quattordici, (11.) _____, ventotto,

(12.) _____, (13.) _____, quarantanove,

(14.) _____, (15.) _____, settanta

P-13. Un po' di matematica. Write in the missing numbers (in words) so each equation makes sense.

1. venti – otto = _____

2. undici + dieci = _____

3. quindici + quattro = _____
   (piud)

4. settanta – _____ = cinquantaquattro
   (mino)

5. venti – _____ = tre
   (meno)

6. quarantotto + dieci = _____

7. venti + tredici = _____

8. novanta – otto = _____

P-14. Botta e risposta. Walking through crowded streets allows you to catch bits and pieces of people's conversations. Can you follow all the conversations? Match the **commenti** (*comments*) on the left with the **reazioni** (*reactions*) on the right.

Commenti	Reazioni
_____ 1. Grazie!	a. È la professoressa d'italiano.
_____ 2. Sto molto male!	b. Prego!
_____ 3. Di dov'è Lei?	c. Piacere!
_____ 4. Come si scrive?	d. Mi dispiace!
_____ 5. Marco, come sta la mamma?	e. È 06 476811.
_____ 6. Chi è la signora?	f. Sono di Firenze, e Lei?
_____ 7. Ciao amici! Come state?	g. Ciao!
_____ 8. Qual è il tuo numero?	h. Lei sta bene, grazie.
_____ 9. Le presento il signor Cascaito.	i. Stiamo benissimo, e tu?
_____10. A domani!	j. M-a-t-a-r-o.

P-15. In altre parole (In other words). Write another way, or a similar way, of saying the phrases given below. One has been done for you as an example.

1. Ciao!   _____

2. Mi chiamo Andrea.   *Sono Andrea.*_____

3. A dopo!   _____

4. Per favore?   _____

5. Arrivederci!   _____

IN PIAZZA DOPO LE LEZIONI

VOCABOLARIO

La classe (*The classroom*)

1-1. All'università. What do you see? Match the items from column **A** with those in column **B**.

A		B	
____ 1.	una lavagna	a.	una facoltà
____ 2.	un quaderno	b.	una lezione
____ 3.	uno schermo	c.	un cancellino
____ 4.	un banco	d.	una sedia
____ 5.	una carta geografica	e.	una regione d'Italia
____ 6.	un cestino	f.	una penna
____ 7.	un'università	g.	una penna rotta (*broken*)
____ 8.	un'aula	h.	un proiettore

1-2. In altre parole... Which noun in column **A** is being described by the phrases in column **B**? Match column A with column B.

A		B	
____ 1.	arte	a.	lunedì, martedì, mercoledì
____ 2.	caffè	b.	lavagna, cattedra, sedie e banchi
____ 3.	giorno	c.	dolce e freddo, è perfetto per agosto.
____ 4.	acqua minerale	d.	pittura, scultura, architettura
____ 5.	aula	e.	naturale o frizzante, è sempre fresca.
____ 6.	gelato	f.	espresso, macchiato, cappuccino

1-3. Cosa c'è? Place the words below into their proper context. Compose complete sentences by adding **c'è**. Follow the example.

un espresso	un film	una fontana	un gelato	una lavagna	un libro
una macchina	una pizza	un professore	un turista	un quaderno	

Esempio   In una gelateria *c'è un gelato.*

1. In un museo _____.

2. In Piazza San Domenico _____.

3. In un'università _____.

4. In un bar _____.

5. In uno zaino _____.

6. In una libreria (*bookstore*) _____.

7. In una pizzeria _____.

8. In un cinema _____.

9. In una via (*street*) _____.

10. In un'aula _____.

STRUTTURA 1

Sostantivi (*Nouns*)

1-4. Dove sono? Match the places in column **A** with the items from column **B**.

A	B
____ 1. in una piazza	a. quaderni, libri, penne e matite
____ 2. in una via (*street*)	b. macchine, autobus, scooter e motorini
____ 3. in un'aula	c. sedie, banchi, computer e una lavagna
____ 4. in un bar	d. un obelisco, una statua, una chiesa e negozi
____ 5. in uno zaino	e. caffè, paste, panini e gelati

1-5. Maschile o femminile? For each word below, select **M** if it is *masculine*, or **F** if it is *feminine*.

Parola	M	F
1. cartellina		
2. lavagna		
3. professore		
4. zaino		
5. televisore		
6. calcolatrice		
7. esame		
8. lezione		
9. aula		
10. porta		

1-6. In abbondanza (*In abundance*)! Help Paolo change the following words from the **singular** to the **plural** forms.

1. libro: _____

2. professoressa: _____

3. lezione: _____

4. esame: _____

5. facoltà: _____

6. banco: _____

7. amica: _____

8. computer: _____

9. luce: _____

10. lago: _____

1-7. Quanti corsi! Marta and Dolores must select classes from the course catalogue for the Università degli Studi. Help them by matching the following **corsi** to the correct **facoltà**.

1. introduzione al francese
    a. l'ingegneria
    b. le lingue straniere

2. le funzioni algebriche
    a. la storia
    b. la matematica

3. la giustizia costituzionale
    a. la giurisprudenza
    b. la chimica

4. dal cubismo al pop-art
    a. le scienze politiche
    b. la storia dell'arte

5. le relazioni internazionali dal 2000 ad oggi
    a. le scienze politiche
    b. l'informatica

STRUTTURA 2

Gli articoli (*Articles*)

1-8. Solo uno! Put the noun into the singular form and add the appropriate **articolo indeterminativo**. Follow the example.

Esempio   due corsi: *un corso*

1. due università: _____
5. due finestre: _____

2. due professoresse: _____
6. due negozi: _____

3. due amici: _____
7. due chiese: _____

4. due quaderni: _____
8. due studenti: _____

1-9. Precisiamo ancora (*Let's be more precise*). Fill in the blanks with the correct **articolo determinativo**. Follow the example.

Esempio   un ristorante: *il ristorante*

1. un professore: _____ professore

2. uno studente: _____ studente

3. un'aula: _____ aula

4. un orologio: _____ orologio

5. una classe: _____ classe

6. un caffè: _____ caffè

7. un quaderno: _____ quaderno

8. uno zaino: _____ zaino

1-10. Cerchiamo di generalizzare (*Let's generalize*). Fill in the blanks with the correct **articolo indeterminativo**. Follow the example.

Esempio   il ristorante: *un ristorante*

1. l'università: _____ università

2. la stazione: _____ stazione

3. la regione: _____ regione

4. l'aula: _____ aula

5. l'amico: _____ amico

6. il libro: _____ libro

7. la calcolatrice: _____ calcolatrice

8. il proiettore: _____ proiettore

VOCABOLARIO

Descrizioni

1-11. Ti piace? As Marta and Dolores walk to class, they discuss what they like and what they dislike. Insert **piace** or **piacciono** to complete their sentences.

1. Mi _____ lo zaino blu!

2. Ti _____ i pennarelli colorati?

3. Mi _____ il gelato al cioccolato.

4. Ti _____ la musica tradizionale napoletana?

5. Non mi _____ i libri di filosofia!

1-12. Cosa studiamo? You have a dear American friend headed to Italy to study for one year. Help him look over all the courses at the university by filling in the correct Italian term for all the English clues in this crossword puzzle. *Note: Answers may contain more than one word.

© Cengage Learning 2015

ACROSS

5. biology
7. Friday
13. Monday
14. foreign languages
15. computer science
17. Wednesday
18. Thursday
19. chemistry

DOWN

1. Tuesday
2. Saturday
3. law
4. art
6. political science
8. engineering
9. journalism
10. Sunday
11. literature
12. psychology
16. math

STRUTTURA 3

Gli aggettivi (*Adjectives*)

1-13. Quale aggettivo? Dolores sends a quick e-mail to her friends in Spain. Complete her e-mail by filling in the blanks with the adjectives from the list below.

antica	bella	divertente	grande	lunga	simpatici

Ciao a tutti! Sono all'Orientale, dove ci sono circa 10.000 studenti - non è piccola, infatti è un'università molto (1.) _____. L'Orientale è del 1732. Non è un'università moderna, ma è (2.) _____ e famosa. Io sono in aula per la lezione di filosofia. La lezione va dalle 9.00 alle 13.00—quattro ore! Che lezione (3.) _____! Meno male che il professore è intelligente e interessante. La lezione non è noiosa perché lui è molto (4.) _____. Sono contenta perché gli studenti sono (5.) _____. Non sono antipatici. Sto bene qui a Napoli! È una (6.) _____ città! A presto, Dolores.

1-14. Come sono gli Italiani? Describe the famous Italians listed below. (If you do not know who they are, look them up!) Use the verb **è** and as many adjectives as you can! Make sure the adjectives match the person's gender.

alto	anziano	antipatico	basso	biondo	bruno	carino
castano	comico	comprensivo	creativo	dinamico	divertente	elegante
famoso	generoso	giovane	grasso	intelligente	magro	motivato
noioso	paziente	pigro	povero	ricco	simpatico	severo
sincero	socievole	sportivo	studioso	timido	tirchio	vecchio

1. Silvio Berlusconi: _____

2. Andrea Bocelli: _____

3. Isabella Rossellini: _____

4. Roberto Benigni: _____

5. Sophia Loren: _____

6. Giorgio Armani: _____

7. Donatella Versace: _____

1-15. No! Non sono d'accordo! For every observation you make, your difficult friend states the opposite. Using the adjectives from **Capitolo 1**, contradict his opinions by writing the **adjective** which expresses the opposite meaning to the one given.

Esempio Il cameriere è gentile! No! Il cameriere è *sgarbato.*

1. Che amico generoso! No! Che amico _____.

2. È un film serio. No! È un film _____.

3. I bambini sono estroversi. No! I bambini sono _____.

4. La professoressa è divertente. No! La professoressa è _____.

5. Che poesie interessanti! No! Le poesie sono _____.

6. Marta è ottimista. No! Marta è _____.

1-16. Al plurale! Marta is writing a paper on visiting students' reactions to the university experience in Italy, and she interviewed Dolores. Somehow her computer switched all her answers into the singular! Rewrite the following sentences, making the article, noun, verb, and adjective **plural**.

1. La classe è interessante e divertente. _____

2. Il professore è intelligente e famoso. _____

3. Lo studente è simpatico e giovane. _____

4. L'aula è grande e moderna. _____

5. Il bar è buono ed economico. _____

Buono e *bello*

1-17. Paolo ha fame e Marta ha qualche idea (*a few ideas*). Marta takes Paolo to sample some of the foods that Naples is famous for. Help Paolo comment favorably on all the foods he tries by writing the correct form of **buono** in front of the noun.

1. Che _____ pizza!

2. Che _____ panino!

3. Che _____ gelato!

4. Che _____ acqua minerale!

5. Che _____ sfogliatella!

6. Che _____ ristorante!

7. Che _____ caffè!

8. Che _____ mozzarella!

1-18. Che bello! After eating, Paolo and Marta go for a walk and point things out to each other. Help them comment on all the things they see by writing the correct form of **bello** in front of the noun.

1. Che _____ palazzi!

2. Che _____ amici!

3. Che _____ macchine!

4. Che _____ albero!

5. Che _____ piazza!

6. Che _____ scooter!

7. Che _____ obelisco!

8. Che _____ chiesa!

1-19. Che bei colori! Which color/colors best describe the following? Make sure **the adjective** matches **the noun**.

1. La gelosia (*jealousy*) è _____.

2. Il caffè è _____.

3. La banana è _____.

4. La lavagna è _____.

5. La bandiera (*flag*) italiana, "il tricolore", è _____.

STRUTTURA 4

Il presente indicativo di *avere* e gli usi idiomatici (*Present tense of avere (to have) and idiomatic uses*)

1-20. Di che cosa hai bisogno? The following people are in Feltrinelli buying books and supplies for the upcoming semester. Insert the correct form of the verb **avere** as well as the name of the subject being studied in order to complete each sentence. Follow the example.

Esempio   Gianni (a.) *ha* bisogno di un dizionario per la lezione di (b.) *francese*.

1. Tu (a.)_____ bisogno di un testo di Freud e Jung per il corso di (b.)

   _____.

2. Noi (a.)_____ bisogno di un libro: *L'Impero Romano: vol 1—Giulio Cesare*, per il

   corso di (b.)_____.

3. Marta (a.)_____ bisogno di un quaderno e una penna per l'intervista per il corso

   di (b.)_____.

4. Tu e Paolo (a.)_____ bisogno di un testo con immagini di Michelangelo e

   Botticelli, per il corso di (b.)_____.

5. Io (a.)_____ bisogno di due libri: *Le poesie di Petrarca* e *La Divina Commedia* di

   Dante, per la mia lezione di (b.)_____ domani mattina.

6. Gli studenti (a.)_____ bisogno di questo testo, *Il dollaro vs. l'euro*, e una

   calcolatrice per il loro corso di (b.)_____.

1-21. Che cosa hai? Espressioni idiomatiche e il verbo *avere*. For each drawing, conjugate the verb **avere** according to the subject, and complete the sentence using an appropriate **idiomatic expression**. Each blank space represents one word.

1.

Gli eskimesi _____ _____.

2.

I turisti in Florida _____ _____.

3.

Noi _____ _____.

4.

Voi _____ _____.

5.

© Cengage Learning 2015

Ciao, tu _____ _____?

6.

Io _____ _____ di Frankenstein!

7.

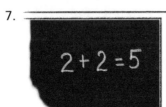

La bambina dice che 2 + 2 = 5. Lei _____

_____!

8.

Dolores dice che Roma è in Italia. Lei _____

_____.

1-22. Piccolo quiz. Test your knowledge of what you have learned about Italy so far. Select the correct answer.

1. "DOC" significa:

   a. Dentro Ogni Casa.   b. Denominazione di Origine Controllata.

2. L'Orientale è:

   a. un'università.   b. un ristorante.

3. Due specialità napoletane sono:

   a. il gelato e la cioccolata calda.   b. i babà e le sfogliatelle.

4. Le due città Taranto e Lecce sono in:

   a. Puglia.   b. Campania.

5. L'attore Riccardo Scarmarcio è di:

   a. Trani (Bari).   b. Torino (Piemonte).

LA VITA IN PIAZZA E IN FAMIGLIA

VOCABOLARIO

La famiglia

2-1. I parenti. Who belongs where? Fill in the table by deciding which relatives listed below are **uomo** (*man*), which are **donna** (*woman*), and which could be either.

nonna	cugina	suocera	zio	nonno	parente	marito
sorella	genero	fratello	cugino	padre	nipote	nuora
moglie	cognato	zia	cognata	suocero	madre	

uomo	donna	uomo / donna

2-2. Cruciverba di famiglia. Fill in the crossword puzzle with the Italian equivalent for the relatives described in the clues below. No articles are necessary. Each answer has just one word.

© Cengage Learning 2015

ACROSS

2. il padre di mio cugino

3. Non ho fratelli, non ho sorelle, sono figlia…

7. la sorella di mio marito

10. Ho tre sorelle: Anna è la più piccola, lei è la…

11. la figlia di mia madre

12. il marito di mia figlia

13. non più sposato

14. la moglie di mio figlio

DOWN

1. i genitori di mio padre

4. il fratello di mia cugina

5. il figlio di mia madre

6. il marito di mia madre

8. il figlio di mio figlio

9. Ho due fratelli: Giorgio è il più grande, lui è il…

STRUTTURA 1

Aggettivi possessivi e pronomi (*Possessive adjectives and pronouns*)

2-3. Parliamo un po'. Isabella and Maria are chatting as they leave their classroom. Help Maria answer Isabella's questions by filling in the blanks with the appropriate **aggettivi possessivi**.

Esempio Hai una grande famiglia?

Sì, *la mia* famiglia è molto grande.

1. Tuo padre e tua madre sono severi?

   No, _____ genitori sono molto simpatici.

2. Com'è tuo fratello?

   Lui è socievole e _____ amici sono sempre a casa nostra!

3. Avete una grande casa?

   Non è una vera casa, è un appartamento, ma siamo contenti. _____

   appartamento è perfetto per noi.

4. Dove giocano a calcio, tuo fratello e gli amici?

   Loro giocano a calcio sul balcone! Però Mamma ha sempre paura: "Ragazzi! Giocate con

   calma, dov'è _____ palla?"

5. Com'è simpatica la tua mamma! Lei lavora?

   La mia mamma lavora in un'agenzia di viaggi, lei adora _____ lavoro.

6. E tuo padre?

   Lui è artista, _____ studio è vicino all'università.

7. Chi pensa alla casa? Chi prepara da mangiare?

   La mamma di mio padre abita con noi, _____ nonna è un'ottima cuoca!

8. Che bella famiglia che hai! Hai anche una sorella?

   Ho due sorelle – _____ sorelle sono gemelle e sono identiche!

2-4. Che confusione! After class, Antonio, Isabella, Luca, and Maria are walking through Piazza San Marco, where they run into an American tourist. Complete their conversation with the correct form of the **aggettivo possessivo**. The first one has been done for you.

la mia	le mie	i nostri	il nostro
la Sua	~~la tua~~	la nostra	il mio

Antonio:	Ecco Piazza San Marco, Isabella! Questa è (1.) (Es.) *la tua* piazza preferita, vero?
Isabella:	Ma no! Questa non è (2.) _____ piazza preferita. Guarda quante persone! Con tutti i turisti c'è troppa (*too much*) confusione.
Luca:	Guarda a terra (*on the ground*)! C'è la guida "*Venice for Lovers.*" Scusi! Signora! Questa è (3.) _____ guida?
La signora americana:	Sì! Grazie! Che confusione qui in piazza! Ragazzi, siete molto gentili. Siete studenti?
Maria:	Sì. (4.) _____ università si chiama Ca' Foscari. Andiamo (*we are going*) al famoso Caffè Florian. È (5.) _____ posto preferito, ed anche (6.) _____ professori frequentano questo caffè.
La signora americana:	(7.) _____ amiche che abitano a Venezia parlano sempre di Caffè Florian!
Antonio:	Allora, tutti al Caffè Florian! Signora, per Lei, un espresso o un caffè americano?
La signora americana:	Ho voglia di un espresso! L'espresso è (8.) _____ caffè preferito!

2-5. Abbiamo tutto il necessario (*Do we have what we need*)? Help your friends figure out what they have—or what they are missing—by adding the correct **pronome possessivo**.

Esempio Maria, la mia giacca è blu. Di che colore è *la tua*?

1. Tutti hanno un invito alla festa, ma noi no! Quando arriva _____?

2. Ecco la mia mappa di Venezia. Signora Rossi, dov'è _____.

3. Antonio e Isabella, ecco il biglietto per voi per il museo. Io ho il mio biglietto e voi avete

_____!

4. Scusi, professore, Lei cerca il dizionario di francese? Forse Maria ha _____.

5. Queste non sono le tue lettere. Sono per me! _____ sono private!

6. Antonio e Isabella hanno due chitarre bellissime, ed anch'io ho una chitarra. Se io porto la

mia chitarra alla festa, e loro portano _____, suoniamo insieme!

2-6. E adesso cosa abbiamo? The following sentences need *aggettivi possessivi* or *pronomi possessivi* to make sense. Choose the appropriate solution for each one and write **AP** or **PP** to indicate whether the phrase required an **aggettivo possessivo** or a **pronome possessivo**.

Esempio   _AP_ Ecco Fido, _____ cane.

a. mio   b. _il mio_   c. i miei

_____ **1.** La nostra professoressa d'inglese è americana, di dov'è _____?

a. la vostra   b. vostra   c. vostre

_____ **2.** Chi non ha parenti preferiti? Io adoro _____ zio Enrico!

a. mia   b. mio   c. tuo

_____ **3.** Signora Giulia, Lei ha due figli a Roma, e _____ figlie abitano ancora a Venezia?

a. le sue   b. le tue   c. sue

_____ **4.** Paolino, ecco il tuo libro, va bene? Io e Luigino usiamo _____, non è per te!

a. il nostro   b. il mio   c. la nostra

_____ **5.** Domani gli studenti visitano il famoso teatro "La Fenice", allora preparo una presentazione sullo scrittore Carlo Goldoni per _____ lezione!

a. il loro   b. la loro   c. le loro

_____ **6.** Antonio! Telefono! È _____ amica Isabella!

a. tua   b. il tuo   c. la tua

2-7. Domande e risposte. Maria calls Antonio for details on the birthday party being planned for Isabella. Help Maria formulate questions for Antonio's answers using the question words in the box below.

c'è	ci sono	dove	quante	quando	quanti

1. **Maria:** _____ è la festa?

   Antonio: È nella nostra pizzeria preferita, vicino all'università.

2. **Maria:** _____ anni ha Isabella?

   Antonio: Hmm, forse 20?

3. **Maria:** _____ è la festa, sabato o domenica?

   Antonio: Sabato sera, alle 20:00.

4. **Maria:** _____ una bella torta al cioccolato?

   Antonio: Certamente c'è la torta!

5. **Maria:** _____ i suoi parenti? Isabella ha una famiglia grande.

   Antonio: No, solo i suoi amici.

6. **Maria:** _____ persone ci sono?

   Antonio: Ci sono 15 persone. Siamo un bel gruppo!

STRUTTURA 2

Verbi regolari in *-are* (*Regular verbs ending in* -are)

2-8. Verbi in contesto. Match the verbs in column **A** to the context in column **B** that best suits their meanings.

A	B
___ 1. suonare	a. in un bell'appartamento
___ 2. arrivare	b. la pizza in pizzeria
___ 3. ascoltare	c. per l'esame di matematica
___ 4. comprare	d. a lezione in ritardo
___ 5. abitare	e. una macchina veloce
___ 6. frequentare	f. un po' di musica italiana

_____ 7. visitare   g. la Piazza degli Scacchi a Marostica

_____ 8. guidare   h. un corso d'italiano all'università

_____ 9. mangiare   i. un regalo per il tuo compleanno

_____ 10. studiare   j. il pianoforte e la chitarra

2-9. La vita di ogni giorno. Use the verbs from the box to complete the sentences below. Conjugate the verbs according to the subjects given. Use each verb once. There are two extra verbs. When you have finished, compose two sentences of your own with the extra verbs.

giocare	pagare	parlare	arrivare	mangiare	studiare	spiegare
aspettare	ballare	ascoltare	guardare	visitare	comprare	divorziare

1. Al ristorante, noi (a.) _____ gli spaghetti e voi (b.) _____ il conto (*the bill*).

2. Nella classe di matematica, il professore (a.) _____ l'algebra, ma Antonio e Maria non (b.) _____ perché la lezione è noiosa.

3. Tu e Isabella _____ la casa di Giulietta a Verona? Che bell'idea!

4. Signora Rossi, scusi, Lei _____ inglese?

5. Le mie amiche (a.) _____ il traghetto per andare al ponte di Rialto, ma il traghetto non (b.) _____ in orario. Il traghetto è in ritardo!

6. Voi _____ in biblioteca perché avete un esame domani.

7. Tu (a.) _____ a tennis al parco, mentre (*while*) io (b.) _____ la televisione a casa.

8. Io e Maria _____ i pennarelli nuovi in cartoleria, per fortuna non costano molto!

9. _____

10. _____

VOCABOLARIO

La casa

2-10. Dove vanno queste cose, signorina? The delivery men from the furniture and the appliance stores are at the door of your new apartment. Use the list of rooms below to tell them where to put everything. Some rooms have more things in them than others.

cucina	soggiorno	camera da letto	terrazza	bagno	studio

1. Il letto matrimoniale?

   In _____.

2. Gli armadietti per i piatti, i bicchieri, ecc.?

   In _____.

3. Il divano e la lampada di cristallo?

   In _____.

4. La scrivania e il computer?

   Nello _____.

5. Il forno a microonde?

   In _____.

6. Le piante da annaffiare (*to water*)?

   In _____.

7. Il televisore? In camera da letto?

   No! In _____.

8. L'armadio grande per i vestiti e i jeans?

   In _____.

9. La tenda per la doccia?

   In _____.

10. Il frigorifero?

    In _____.

STRUTTURA 3

Verbi riflessivi e azioni reciproche in -are (Reflexive verbs and reciprocal actions in -are)

2-11. Come finisce la frase? Column A has the beginning of the sentences, while column B has the endings. Match Column **A** to Column **B** to form complete sentences.

A

_____ 1. Antonio ha lo spazzolino ed il dentifricio e

_____ 2. Io gioco a calcio al parco fino a mezzogiorno, poi

_____ 3. Prima della festa di Isabella, Maria e le amiche

_____ 4. Antonio e Luca frequentano un corso che comincia alle otto di mattina ogni giorno. Loro

_____ 5. È mezzanotte. Bruno ha sonno e lui

_____ 6. Oddio! Proprio oggi c'è l'esame di storia! Perché

B

a. si addormenta.

b. io non mi preparo mai per gli esami?

c. si svegliano alle sette di mattina.

d. si pettinano e si truccano.

e. si lava i denti.

f. mi riposo a casa con la musica e un bel libro.

2-12. Riflessivi. Choose the appropriate verb for each of the sentences below. Then conjugate the verb.

addormentarsi	arrabbiarsi	chiamarsi
lavarsi	pettinarsi	svegliarsi

1. C'è un nuovo ragazzo all'università che _____ Roberto Venturini. È di Verona e suona la chitarra!

2. Luca e Antonio _____ alle 6.45, ma loro non hanno voglia di andare all'università.

3. I bambini vanno in bagno e _____ con il sapone prima di fare colazione.

4. Luca non _____ perché ha i capelli corti.

5. Tu e Antonio _____ perché è mezzanotte.

6. La mamma _____ con voi perché la vostra camera è ancora in disordine!

2-13. Due storie. Conjugate the **reciprocal verbs** in each story.

Una felice storia d'amore

Monica è una mia cara amica, (1. noi/telefonarsi) _____ sempre, e (2. raccontarsi)

_____ le nostre storie d'amore. Monica ha una bella storia d'amore con Mario. Loro due

(3. amarsi) _____, sono inseparabili. Ecco un giorno tipico per loro: Monica e Mario

(4. telefonarsi) _____ prima delle otto di mattina. Poi, quando arrivano all'università,

(5. abbracciarsi) _____. Come sono romantici! Lunedì, io e Monica (6. trovarsi)

_____ al bar, e io domando: "Quando tu e Mario (7. sposarsi) _____?" Martedì,

dopo (*after*) la lezione, gli studenti non (8. salutarsi) _____ subito, perché Monica ha un

messaggio importante per tutti i suoi amici: " Ragazzi! Io e Mario (9. amarsi) _____ molto

e (10. sposarsi) _____ a giugno!"

Una breve storia di tecnologia moderna

Il mio amico Gianni abita a Padova, ed io abito a Verona. Allora (noi) non (11. incontrarsi)

_____ spesso (*often*). Io e Gianni (12. chiamarsi) _____ e (13. salutarsi)

_____ con Skype. Ovviamente, noi (14. scambiarsi) _____ le mail e gli sms, come

tutti!

Domani ho un esame di matematica. Il professore ha un consiglio: "Studiate insieme! Stasera voi

(15. incontrarsi) _____ in biblioteca e ripassate la materia in un gruppo, così (16. aiutarsi)

_____ con i problemi difficili". Questa è una buon'idea per gli studenti che abitano vicino

alla biblioteca, ma non è possibile per me! Io e gli altri siamo tristi perché non (17. incontrarsi)

_____ per la preparazione. Poi, un'idea – usiamo Skype! Tutti gli studenti (18. parlarsi)

_____ via internet, tutti (19. prepararsi) _____ e (20. aiutarsi) _____!

STRUTTURA 4

Verbi irregolari in -are (Irregular verbs in -are)

2-14. Conversazioni brevi. Complete the dialogues with the correct forms of the verbs **andare**, **fare**, **stare**, and **dare**.

Due amiche al Mercato del pesce di Rialto a Venezia

Isabella: Maria! Che bella sorpresa! Come (1.) _____?

Maria: Benissimo, grazie! Anche tu (2.) _____ la spesa? Hmmm… dove sono le vongole? Stasera (3.) _____ una cena per i miei parenti, io (4.) _____ gli spaghetti alle vongole per loro.

Due amici per la strada a Treviso

Marcello: Ciao Mario! Che bella macchina! Tu dove (5.) _____ oggi?

Mario: Io (6.) _____ in centro. E tu? Hai voglia di fare un giro?

La famiglia si prepara per il compleanno della nonna

La zia stressata: "Pierino e Paolina! (7.) _____ subito al mercato e comprate le candeline per una torta per la nonna!"

Lo zio calmo: "Pierino e Paolina, (8.) _____ attenti quando siete per la strada! Le biciclette sono veloci!"

La signora Verdi e la signora Rossi si salutano

La signora Rossi: Salve, Signora Verdi, che bella giornata! (9.) _____ una passeggiata?

La signora Verdi: Sì, Signora Rossi, faccio una passeggiata breve perché quando arrivo in piazza, (10.) _____ colazione al bar!

Due professori parlano

Il primo professore: Perché tutti i suoi studenti (11.) _____ in biblioteca oggi?

Il secondo professore: Perché domani i miei studenti (12.) _____ l'esame finale!

Luca e Mario parlano con il professore di arte

Il professore: Luca e Mario, ecco il problema: non (13.) _____ mai i vostri compiti! Non (14.) _____ mai gli esami, e non siete mai in classe! Questo è un corso sui palazzi di Palladio, e bisogna studiare, non saltare (*not skip*) le lezioni!

Luca: Scusi professore, adesso spiego tutto. Noi non siamo nel suo corso perché non (15.) _____ questa materia! Non siamo studenti di questa facoltà! Siamo studenti di medicina!

Mario: Professore, io e Luca (16.) _____ direttamente all'amministrazione e cerchiamo una soluzione al problema!

2-15. Che cosa fanno? Choose from the list of verbs below to complete each sentence. Don't forget to conjugate!

arrivare	comprare	dare	fare	festeggiare
giocare	guardare	mangiare	pagare	visitare

1. Che bella giornata! Perche non _____ una passeggiata in centro, io e te?

2. Io _____ i libri da Feltrinelli. Ho voglia di libri di poesia.

3. Tu e Maria _____ una pizza enorme perché avete molta fame!

4. Io e Antonio _____ un esame di matematica. Abbiamo paura perché non siamo preparati!

5. I bambini piccoli _____ a calcio in piazza, sono bravi!

6. Io e Isabella _____ il compleanno di Isabella con una bella torta e lo spumante!

7. Tu _____ un programma noioso alla televisione. Ecco perché hai sonno!

8. Il treno _____ alla stazione di Treviso con 10 minuti di ritardo, come sempre.

9. I turisti _____ i palazzi di Palladio e fanno molte foto dei giardini.

10. Tu e Maria _____ l'espresso al Caffè Florian. Non è economico!

2-16. Piccolo quiz. Find out what you have learned about Italy so far! Write in the answers to the following questions in complete sentences. (Refer to the textbook if necessary!)

1. In quale regione sono le città di Venezia, Marostica, Padova e Verona?

_____

_____

2. Quale città ha le gondole?

_____

_____

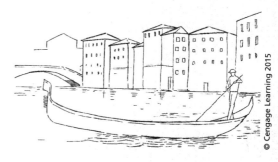

3. Quando è la festa di Carnevale a Venezia? In quale stagione?

_____

4. Verona è famosa per due ragazzi che si amano ma che hanno una morte tragica (*a tragic death*). Come si chiamano?

_____

5. Marostica è famosa per una piazza che ricorda un gioco. Come si chiama questo gioco?

_____

_____

6. Qual è un piatto tipico del Veneto?

_____

CAPITOLO 3

LO SPORT IN PIAZZA

VOCABOLARIO

Il tempo, le stagioni e le attività sportive

3-1. Qual è la stagione? Scrivi il nome della stagione rappresentata in ogni illustrazione.

1.

_____

3.

_____

2.

_____

4.

_____

3-2. Qual è lo sport? Abbina l'attrezzatura o il luogo della colonna **A** con lo sport della colonna **B**.

A	B
_____ 1. la piscina	a. il tennis
_____ 2. il pallone	b. lo sci
_____ 3. la racchetta	c. il calcio
_____ 4. i pattini	d. il pattinaggio
_____ 5. gli sci	e. il nuoto
_____ 6. gli scarponi	f. l'alpinismo

3-3. Facciamo dello sport! Leggi le descrizioni ed indica il nome dello sport che ogni persona pratica.

1. Anna adora la montagna d'estate e non ha paura di scalare le rocce. _____

2. Francesca sogna di conoscere Maria Sharapova. Lei desidera essere una campionessa come lei e non esce mai di casa senza la sua racchetta. _____

3. Ogni domenica Gianluigi e Franco guardano la partita in TV. Indossano la maglietta della Juventus con orgoglio (*pride*). _____

4. Io giro sempre in bicicletta. In estate seguo il Giro d'Italia sui giornali. _____

5. Per la sua lezione di ginnastica, la signora Bruni indossa una tuta e arriva in anticipo per provare le posizioni. _____

3-4. Cosa indosso? Cosa indossi e porti nelle seguenti condizioni? Abbina i vestiti della colonna **A** alle attività della colonna **B**.

A	**B**
____ 1. il costume da bagno, i sandali e gli occhiali da sole	a. Piove!
____ 2. gli scarponi, la giacca a vento, il cappello, i guanti e gli sci	b. Vado a sciare in montagna.
____ 3. la maglietta bianca, i pantaloncini bianchi e le scarpe da tennis	c. Gioco a calcio con Mario.
____ 4. la tuta, la maglietta di cotone e una piccola bottiglia d'acqua	d. Vado alla spiaggia e prendo il sole al mare.
____ 5. le scarpe da tennis, i pantaloncini, la maglietta e un pallone	e. Fa freddo, tira vento e nevica!
____ 6. l'impermeabile, gli stivali da pioggia e l'ombrello	f. Passo il giorno a casa a studiare per un esame.
____ 7. i guanti, la giacca e il cappello	g. Gioco a tennis con Mirella a mezzogiorno.
____ 8. il pigiama, una vecchia felpa e i calzini	h. Faccio una lezione di yoga.

3-5. I mesi dell'anno. Ti ricordi come si scrive la data in italiano? Indica il nome del mese nelle seguenti date. Segui l'esempio.

1. 1/10/1999	*ottobre*	4. 1/12/2011	
2. 29/3/2001		5. 12/6/1994	
3. 2/5/2000		6. 22/2/2014	

STRUTTURA 1

Preposizioni semplici e articolate (*Simple and Compound Prepositions*)

3-6. Preposizioni semplici. Federica e Roberto cercano di organizzare un fine settimana in montagna. Completa il dialogo con le preposizioni *di*, *a*, *da*, *in*, *per*, *con*, *su*, *tra* / *fra*. (Alcune preposizioni possono essere usate due volte.)

Federica: Allora, Roberto, vuoi sciare questo fine settimana? Andiamo (1.) _____ montagna?

Roberto: Dove possiamo andare (2.) _____ fare dello sci?

Federica: Conosco un posto magnifico! Si chiama Courmayeur. Non è molto lontano (3.) _____ Torino. Arriviamo facilmente (4.) _____ autobus! Courmayeur è vicino al famoso Monte Bianco. Il Monte Bianco è (5.) _____ Chamonix in Francia e Courmayeur in Italia!

Roberto: Che bel posto! Federica, io non ho gli sci, come faccio?

Federica: Perché non usi gli sci (6.) _____ mio fratello? Lui non ha molta voglia di sciare... preferisce giocare (7.) _____ calcio!

Roberto: Benissimo! Invitiamo anche Alessandra?

Federica: Alessandra non può venire. Lei ha bisogno di finire un compito (8.) _____ Cesare Pavese, Primo Levi e altri scrittori piemontesi.

Roberto: E Stefano?

Federica: Sì, chiamiamo Stefano! Lui scia volentieri (9.) _____ noi!

Roberto: Perfetto! Tutti (10.) _____ Courmayeur questo fine settimana!

3-7. Preposizioni articolate. Roberto descrive la sua vita da studente di ingegneria in una mail a un amico di Bari. Usa le indicazioni per inserire **le preposizioni articolate** necessarie.

Da	Roberto@yahoo.email.it
A	Luca@yahoo.email.it
Oggetto	Sono un topo di biblioteca!

Caro vecchio amico mio!

Ecco la vita di uno studente di ingegneria (1. a + il) _____ Politecnico! Le mie lezioni cominciano (2. a + le) _____ otto di mattina e finiscono (3. a + l') _____ una. Ma non mi riposo durante il pomeriggio perché vado (4. in + il) _____ laboratorio di scienze naturali e faccio (5. di + gli) _____ esperimenti per il mio corso di chimica! La sera, quando torno a casa, sono così stanco che mi siedo (6. su + il) _____ divano e mi addormento davanti (7. a + la) _____ televisione! E tu? Come va la vita (8. a + l') _____ Università (9. di + gli) _____ Studi di Bari? Ci sono studenti simpatici (10. in + i) _____ tuoi corsi?

A presto,
Roberto

STRUTTURA 2

Verbi in *-ere* (*Verbs Ending in* -ere)

3-8. Cosa fa? Scrivi il nome del verbo sotto ogni illustrazione.

bere	cadere	correre	leggere	ricevere	ridere	rompere	scrivere	spendere	vedere

1.

_____

2.

_____

3.

_____

4.

_____

5.

_____

6.

_____

7.

_____

8.

_____

9.

_____

10.

_____

3-9. La vita da studente a Torino. Stefano abita in una delle residenze universitarie per studenti che non sono di Torino. Lui ha una stanza doppia e ha bisogno di un compagno di stanza. Così prepara un messaggio per *Botta e Risposta*, un servizio on-line dell'Università di Torino, dove gli studenti scambiano informazioni. Completa il messaggio di Stefano con i verbi della lista, seguendo l'esempio.

| ~~cercare~~ | ~~chiamarsi~~ | correre | leggere | perdere | piovere | vendere | vincere | vivere |

Cercasi compagno di camera

Ciao! *Mi chiamo* (Es.) Stefano e *cerco* (Es.) un compagno di stanza. Cerco uno studente interessante e simpatico! Abito in una delle due residenze in via Verdi, dove gli studenti (1.) _____ bene e pagano poco. C'è anche un portiere (*doorman*)—se tu (2.) _____ le chiavi, lui apre l'appartamento! Non molto lontano dalla residenza c'è il Caffè Fiorio in via Po, un posto famoso per il caffè, i cioccolatini e il gelato. Dietro via Verdi, in via Cesare Battisti, c'è la Libreria Luxemburg, la libreria più antica di Torino. Loro (3.) _____ una grande varietà di libri—è il posto perfetto per noi che (4.) _____ i libri in inglese perché hanno molti libri di narrativa straniera. Un po' più lontano, accanto al fiume, c'è il Parco del Valentino—ideale per fare un po' di footing (così diciamo in italiano). Io (5.) _____ almeno due chilometri ogni volta che vado lì. Spesso sono con gli amici della residenza e facciamo anche delle piccole gare (*races*). La persona che (6.) _____ la gara offre un caffè a tutti! Quando il tempo è brutto e (7.) _____, gli studenti vanno insieme ai musei o al cinema. La residenza è un posto ideale per vivere! Se sei interessato, chiama Stefano al 377-308-3796, o manda una mail a: StefanoP@unito.edu

3-10. Ecco le risposte! Due ragazzi rispondono a Stefano. Completa i loro messaggi con i verbi della lista. Segui l'esempio.

amare	andare	ascoltare	avere	bere	conoscere	dare
essere	leggere	prendere	ricevere (2v)	~~studiare~~	suonare	

Esempio   Ciao, mi chiamo Gianni. _Studio_ lettere all'università,

Risposta 1

1. Ciao, mi chiamo Gianni. _Studio_ lettere all'università, ma non (a.) _____ studiare! (b.) _____ la chitarra in un gruppo—si chiama "Metal Forever", un bel nome inglese, no? La sera io e gli amici (c.) _____ in discoteca o a un club. Infatti, i miei amici amano venire a trovarmi (_visit me_)—non è un disturbo se io (d.) _____ gli amici verso mezzanotte, vero? Ho uno stereo grande, c'è posto per lo stereo nella camera? Non (e.) _____ molti libri, ma (f.) _____ molta musica!

Risposta 2

2. Sono Franco e (a.) _____ un compagno di stanza discreto e sensibile. Studio medicina e i miei professori sono severi: (b.) _____ molti compiti, così io e i miei amici (c.) _____ tantissimo caffè per stare svegli e completare i nostri progetti. (d.) _____ poche persone a Torino perché non (e.) _____ tempo per fare amicizia. È vero: gli studenti di medicina (f.) _____ voti altissimi (_excellent grades_), ma noi non (g.) _____ mai un giorno di vacanza!

3-11. Adesso, decidi tu! Chi è perfetto per Stefano? Gianni? Franco? O nessuno dei due (_neither_)? Scrivi almeno tre frasi per indicare quale ragazzo è adatto per Stefano o per indicare perché Gianni e Franco non vanno bene.

_____

_____

_____

VOCABOLARIO

Il centro della città

3-12. Quale strada prendo? Roberto è completamente disorientato. Aiuta Roberto a trovare la strada giusta. Consulta la piantina e indica se le frasi sono vere o false.

Le indicazioni	Vero	Falso
1. La stazione di Porta Susa è in Piazza XVIII Settembre, vicino a Piazza Statuto.		
2. Se prendo via Cernaia dalla stazione e vado a destra, arrivo a Piazza Solferino.		
3. L'università è in via Verdi, vicino a Piazza Carlo Emanuele II.		
4. Via Po va da Piazza Vittorio Veneto a Palazzo Madama e Palazzo Madama è all'angolo tra via Garibaldi e via Roma.		
5. Il Duomo è lontano da Porta Palatina.		
6. Per arrivare alla Mole Antonelliana da Piazza San Carlo, vado diritto per via Roma, poi vado a destra per via Giuseppe Verdi.		
7. Il Duomo è lontano dal giardino.		
8. Dentro il giardino c'è via Giuseppe Garibaldi.		

3-13. Che confusione! Abbina il posto della colonna **A** con l'attività della colonna **B**.

A.	**B**
1. Alla fermata dell'autobus, …	a. …le signorine si tingono (*color*) i capelli.
2. Alla stazione dei treni, …	b. …Federica si mette la maglia della Juventus per vedere la partita.
3. Prima di entrare allo stadio, …	c. …gli studenti aspettano il numero 34 che passa davanti all'università.
4. Al bancomat, …	d. …i turisti ritirano i soldi.
5. Al parrucchiere, …	e. …le amiche vedono un film.
6. In piazza, …	f. …gli amici si incontrano davanti al bar.
7. Al cinema, …	g. …il signore prende il giornale ogni mattina.
8. All'edicola in piazza, …	h. …i viaggiatori cercano il binario 12.

STRUTTURA 3

Verbi modali: *volere, dovere, potere* (*Modal Verbs:* to want to, to have to, to be able to)

3-14. *Dovere, potere e volere.* Per ogni situazione indicata nella colonna **A**, devi trovare la spiegazione o la soluzione nella colonna **B**.

A	B
___ 1. Cosa puoi fare se hai bisogno di soldi?	a. Potete mangiare una pizza capricciosa deliziosa nella pizzeria in piazza.
___ 2. Dove deve andare una persona se sta molto, molto male?	b. Vogliono correre e giocare.
___ 3. Federica e Roberto sono alla stazione. Come possono trovare il loro treno rapidamente?	c. Deve andare subito in ospedale!
	d. Posso sempre ritirare 50€ dal bancomat.
	e. Allora puoi vedere i film più recenti all'Odeon in Piazza San Carlo.

_____ 4. Noi vogliamo vedere una partita di calcio. Dove dobbiamo andare?

_____ 5. Roberto vuole comprare un giornale o una rivista. Dove deve andare?

_____ 6. I bambini mettono le scarpe da tennis e vanno al parco, perché?

_____ 7. Tu cosa cerchi? Un cinema?

_____ 8. Io e il professore abbiamo fame. Che facciamo?

f. Voi dovete arrivare fino allo stadio!

g. Lui può comprare tutto dall'edicola sotto casa.

h. Devono controllare la lista di partenze e arrivi dei treni.

3-15. Quale verbo? Completa le frasi con i verbi della lista. ATTENZIONE! Sono tutti **verbi irregolari.**

bere	dovere	potere	sapere	volere

1. Andiamo al famoso Caffè Fiorio, il loro gelato è mitico! Io _____ un cono al cioccolato!

2. Stefano e Renzo hanno l'esame di matematica domani, stasera i due amici _____ studiare.

3. Bambini! Siete troppo rumorosi!! _____ stare tranquilli per un momento?

4. La mia amica non _____ guidare, lei prende l'autobus.

5. Tu hai sete? Perché non _____ un po' di acqua?

3-16. _Sapere o conoscere?_ Completa ogni frase con la forma corretta dei verbi _sapere_ o _conoscere_, secondo la situazione.

1. Gli amici di Roberto non _____ il suo indirizzo a Cuneo.

2. La mia mamma _____ qual è il mio colore preferito.

3. I turisti _____ che i gianduiotti sono una specialità torinese.

4. Tu _____ una buona pasticceria in centro?

5. Certo che tutti noi _____ Caffè Fiorio!

6. Ragazzi, voi _____ quando fanno GiocAosta quest'anno?

7. No, io non _____ Sofia molto bene, forse è un'amica di Angelo.

8. Roberto non _____ sciare.

3-17. Sono già le... ? Scegli la conclusione logica per ogni ora descritta.

1. Sono le 7.00 di mattina, _____.

   a. facciamo colazione

   b. facciamo pranzo

2. È mezzanotte, _____.

   a. andiamo a dormire

   b. andiamo al parco a fare ginnastica

3. Sono le 20.30, _____.

   a. andiamo in ufficio a lavorare

   b. andiamo al ristorante a cenare

4. Sono le 22.00, _____.

   a. usciamo con gli amici in discoteca

   b. andiamo a sciare

5. Ci svegliamo alle 6.00 di mattina, _____.

   a. vogliamo essere i primi sulla pista di pattinaggio

   b. vogliamo mangiare una bella pizza in pizzeria

STRUTTURA 4

Verbi in *-ire* (*Verbs Ending in* -ire)

3-18. Cosa fa? Scrivi l'infinito del verbo sotto ogni illustrazione.

arrossire	capire	costruire	dormire	guarire	pulire	obbedire	uscire

1. _____

2. _____

3. _____

© Cengage Learning 2015

4. _____

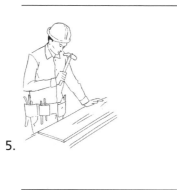

5. _____

6. _____

7. _____

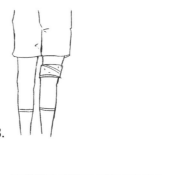

8. _____

3-19. Vita quotidiana (*Daily life*). A Stefano piace molto passeggiare per Torino e ascoltare le conversazioni di altre persone. Ecco alcune frasi che lui sente. Completa le frasi con i verbi qui sotto. Non dimenticare di coniugare il verbo! Segui l'esempio.

aprire	capire	coprire	~~dormire~~	guarire	partire	preferire	pulire	sentire

Esempio   Pierino, hai sonno e sei stanco. Perché non *dormi*?

1. La mia professoressa di arte è molto brava! Il suo corso _____ tutti gli artisti da Giotto a Michelangelo.

2. A che ora __ _____ i musei?

3. Il mio telefono non funziona! Quando rispondo, dico "Pronto? Pronto?" ma io non _____ niente! Oggi compro un nuovo telefono.

4. A colazione, tu e Francesca _____ caffè o tè?

5. Signora, Lei _____ quando io parlo inglese?

6. Il treno 213 per Roma delle ore 16.45. _____ dal binario 15. Ripetiamo: Il treno 213 per Roma è in partenza dal binario 15!

7. La tua camera è in uno stato terribile! Che disordine! Quando _____ tutte le tue cose?

8. Questa medicina è incredibile: _____ l'influenza in pochi giorni!

3-20. Piccolo quiz. Ti ricordi qualcosa della vita nelle regioni di Piemonte e Valle d'Aosta? Prova a rispondere a queste domande.

1. Quando gli amici dicono, "facciamo la settimana bianca", significa _____.

   a. mangiamo solo cibi leggeri (niente condimenti o sughi)

   b. passiamo una settimana a fare sport sulla neve (sciare, pattinare, ecc.)

2. A Torino c'è una famosa fabbrica che si chiama Fiat. La Fiat produce _____.

   a. macchine

   b. vestiti

3. Il Monte Bianco è la montagna più alta in Europa, si trova fra _____.

   a. la Svizzera e l'Italia

   b. la Francia e l'Italia

4. Il Giro del Piemonte è una gara per _____.

   a. biciclette

   b. macchine

5. "La tessera per provare la migliore (best) produzione cioccolatiera!" descrive _____.

   a. il Chocopass

   b. il bancomat

6. I partecipanti in "Tutta Dritta" e "CorriTorino" _____.

   a. corrono

   b. sciano

7. Se non vuoi andare all'ufficio postale, dove puoi comprare i francobolli? _____

   a. In farmacia

   b. In tabaccheria

8. In Italia, quando rispondi al telefono, dici: _____.

   a. "Pronto!"

   b. "Salve!"

CAPITOLO 4

CHE BELLO SPETTACOLO IN PIAZZA!

VOCABOLARIO

La musica

4-1. Vero o falso? Scegli **Vero** o **Falso** per ogni frase, ma se la frase è falsa, fornisci la risposta giusta.

L'Orchestra dell'Accademia Strumentale di Gubbio presenta

Tre concerti di musica classica in chiesa
Chiesa di Sant; Antonio Abate
(Corso Bersaglieri, Perugia)

venerdì 15 luglio: Vivaldi, le Quattro Stagioni (concerto per violino)
sabato 16 luglio: Mozart, la sonata per pianoforte in do minore 14
domenica 18 luglio: Beethoven, concerto per pianoforte 4
alle ore 21.00

I biglietti si possono acquistare in prevendita
all'Ufficio Informazioni Turistiche in Piazza IV Novembre

tel: (075) 573-6458 o mezz'ora prima dei concerti direttamente alla chiesa
Biglietti: 10 euro

© Cengage Learning 2015

Frase	Vero	Falso	Correzione
1. Non ci sono concerti durante il fine settimana.			
2. I biglietti costano 10 euro.			
3. I tre concerti sono alla stessa ora: le 21.00.			
4. L'orchestra che suona è di Perugia.			
5. Il concerto per violino è domenica.			
6. Ci sono due concerti per pianoforte.			
7. Non è possibile comprare i biglietti prima del primo concerto.			
8. Ci sono biglietti in vendita alla chiesa le sere dei concerti.			

4-2. Musica maestro! Abbina gli strumenti o le persone della colonna **A** con la musica o il contesto della colonna **B**.

A	B
___ 1. il soprano, il baritono e il tenore	a. il jazz
___ 2. il direttore e i musicisti	b. la musica rock
___ 3. il violino, il flauto e il piano	c. la musica classica
___ 4. la voce	d. la musica rap
___ 5. la chitarra elettrica e la batteria	e. l'opera
___ 6. il sassofono, la tromba e il trombone	f. l'orchestra

STRUTTURA 1

Pronomi di oggetto diretto (*Direct-object pronouns*)

4-3. Preparazioni per partire. Il direttore di una piccola orchestra di Orvieto ha l'opportunità di presentare un brano di musica al Festival dei Due Mondi. Prima di partire, deve controllare la lista di tutti gli istrumenti che servono serve per il concerto. Scrivi **il pronome di oggetto diretto** corrispondente alla parola sottolineata. Segui l'esempio.

Esempio Dove sono <u>gli strumenti</u>?   Ecco*li*!

1. Dov'è <u>la batteria</u>?   Ecco _____!

2. Dove sono <u>i flauti</u>?   Ecco _____!

3. Dov'è <u>il sassofono</u>?   Ecco _____!

4. Dov'è <u>il violoncello</u>?   Ecco _____!

5. Dove sono <u>le fisarmoniche</u>?   Ecco _____!

6. Dove sono <u>le trombe</u>?   Ecco _____!

7. Dov'è <u>la chitarra</u>?   Ecco _____!

8. Dove sono <u>le chiavi</u> del pullman?   Ecco _____!

4-4. Di chi o di cosa parliamo? Leggi le frasi. Poi indica quale frase è rappresentata dal **pronome di oggetto diretto.** Segui l'esempio.

Esempio   Certo, <u>la</u> vedo tra il ristorante e il bar!   *a. Vedo una farmacia.*   b. Vedo un negozio.

1. <u>Li</u> incontro ogni giorno in piazza. a. Incontro le amiche.   b. Incontro gli amici.

2. Non <u>lo</u> bevo mai.   a. Non bevo mai il caffè.   b. Non bevo mai la Coca-Cola.

3. Dobbiamo far<u>li</u> dopo cena.   a. Dobbiamo fare i compiti.   b. Dobbiamo fare le foto.

4. <u>La</u> conosci?   a. Conosci lo zio di Maria?   b. Conosci la zia di Maria?

5. Non <u>lo</u> vedi lì all'angolo?   a. Vedi il bar?   b. Vedi la chiesa?

6. <u>Ci</u> inviti a cena?   a. Inviti Franco e Luigi?   b. Inviti me e Franco?

7. Certo <u>vi</u> invito!   a. Invito Franco e Luigi.   b. Invito te e Franco.

8. Stasera voglio <u>suonarlo</u> per tutti voi!   a. Suono la batteria.   b. Suono il pianoforte.

4-5. Cena da Dario. I genitori di Dario arrivano stasera e lui vuole invitare alcuni amici e professori a casa sua per cena. Usa i pronomi dalla lista e segui l'esempio. Puoi usare alcuni pronomi più di una volta.

ti	vi	La	lo	li	le

Esempio   Ciao Maria! *Ti* invito a casa mia stasera per le 8:00.

1. Buon giorno, Signora Lella, _____ invito a casa mia stasera. Può venire per le 8.00?

2. Marco, ciao! _____ invito a casa mia stasera.

3. Gianluca ed Elena! _____ invito a casa mia per cena. Venite per le 8.00.

4. Professor Barilli, _____ invito a cena. Così può conoscere i miei genitori.

5. Umm, ho dimenticato gli amici di Stefano. Adesso _____ chiamo.

6. Oh! Ecco le mie amiche del corso di storia del cinema. Devo invitar_____.

7. Marisa, salve! _____ ho già invitato per stasera, vero?

8. Dov'è Roberto? Voglio invitar_____.

STRUTTURA 2

Il passato prossimo con *avere* (*Simple past with* avere)

4-6. Un pranzo a Perugia. Marisa scrive una mail alla sua amica Giovanna. Metti tutti i verbi **al passato prossimo** come nell'esempio.

Carissima Giovanna,

ma lo sai che Umbria è piena di cose deliziose da mangiare? Ieri (Es. telefonare) *ho telefonato* a Stefano per prendere un appuntamento per pranzo. Noi (1. trovare) _____ un ottimo ristorante a Perugia dove (2. ordinare) _____ gli spaghetti al tartufo nero. Il cameriere ci (*to us*) (3. spiegare) _____ che il tartufo è una specialità dell'Umbria, e il cuoco (4. preparare) _____ un piatto incredibile! Dopo pranzo noi (5. camminare) _____ per corso Vannucci e alcuni turisti ci (6. fermare [*to stop*]) _____ per chiedere l'indirizzo della Gelateria Gambrinus. Alla fine loro (7. parlare) _____ così tanto di gelato, che anche noi (8. volere) _____ prendere un gelato. Allora tutti sono andati alla Gelateria Gambrinus!

Devi assolutamente venire a Perugia!
Bacioni, Marisa

4-7. Una telefonata. Dario ha visto questo concerto a Umbria Jazz ieri sera e adesso telefona a Marisa per descrivere tutto. Ecco la loro conversazione. Metti i verbi tra parentesi **al passato prossimo.** Il primo verbo serve come un esempio.

Dario: Marisa, che serata incredibile ieri sera!

Marisa: Cosa (Es. fare) *hai fatto*?

Dario: Io e Antonio siamo andati a un concerto dell'Umbria Jazz Festival.

Marisa: Chi (1. voi/vedere) _____?

Dario: (2. Noi / avere) _____ biglietti per Mark Knopfler.

Marisa: Beati voi (*lucky you*)! Ma come (3. trovare) _____ i biglietti?

Dario: L'amico di Antonio lavora alla biglietteria dell'Arena. Io (4. comprare) _____ i biglietti da lui un mese fa.

Marisa: Tu e Antonio (5. fare) _____ molte foto durante il concerto?

Dario: No, purtroppo, i poliziotti (6. dire) _____ "Niente foto"!

Marisa: Che peccato... ma, voglio sapere: I Dire Straits, che cosa (7. suonare) _____?

Dario: Knopfler (8. cantare) _____ alcune canzoni famose degli anni '80. Poi lui (9. presentare) _____ le nuove canzoni dal suo ultimo DVD. Io e Antonio (10. ballare) _____ per tutto il concerto. La musica di Knopfler e i Dire Straits è unica.

Marisa: Sono così contenta per voi!

4-8. Che cosa hanno fatto? Forma una frase **al passato prossimo**. Scegli l'elemento logico da ogni categoria per creare la frase. Bisogna leggere attentamente per abbinare le azioni alle persone.

Esempio   Tu / scrivere / una lettera

Tu hai scritto una lettera al tuo fidanzato/alla tua fidanzata?

Persone	Azioni	Perché
1. Tu e Dario non ricordate dove	non prendere	le poesie di Leopardi per il mio esame di letteratura domani.
2. Tu	correggere	una lettera d'amore al tuo fidanzato/alla tua fidanzata per la festa di San Valentino.
3. I musicisti	scrivere	i compiti dei suoi studenti ed è contenta del loro lavoro.
4. Io	mettere	i biglietti per lo spettacolo di musica jazz, e adesso non c'è posto per noi!
5. La professoressa	discutere	la chitarra di Renzo? Questo è un problema grave! Renzo deve suonare stasera, dovete trovarla.
6. Io e Marisa	leggere	il programma di musica con i ballerini. Tutti sono d'accordo: vogliono la musica hip-hop!

1. _____

2. _____

3. _____

4. _____

5. _____

6. _____

VOCABOLARIO

Il cinema e il teatro

4-9. Cinema o teatro? Finisci ogni frase con la conclusione logica. Scegli le parole in parentesi.

1. Per Aldo, la parte più bella di un film è la musica. Lui nota sempre (*la colonna sonora* / *la trama*).

2. Bernardo ama il momento quando gli attori arrivano sul palcoscenico e lo spettacolo comincia. Lui preferisce (*il cinema* / *il teatro*).

3. Carmela non ama i film di Hollywood, lei studia storia ed è sempre contenta di andare a vedere un (*documentario* / *giallo*).

4. Donatella adora i film di fantascienza perché ci sono molti (*cartoni animati* / *effetti speciali*).

5. Elena sogna di diventare un'attrice. Vuole (*recitare* / *girare*) nei film di un regista importante.

6. Ogni anno, a Venezia, c'è un grande festival del cinema. Tutti i registi vogliono ricevere un (*ruolo* / *premio*).

7. D'estate, quando fa bello la sera, preferisco andare a vedere un film al (*centro commerciale* / *cinema all'aperto*).

8. Se gli attori non vanno d'accordo, il lavoro (*del regista* / *dello sceneggiatore*) diventa difficile.

4-10. Quando? Usa queste informazioni per scrivere i dati.

Se oggi è sabato, 29 marzo, 2014,...

1. Ieri: _____

2. Due giorni fa: _____

3. Lo scorso mese: _____

4. L'anno scorso: _____

STRUTTURA 3

Il passato prossimo con *essere* (*Simple past with* essere)

4-11. In giro per l'Umbria. Scegli il verbo giusto e coniugato **al passato prossimo** come nell'esempio.

~~andare~~	arrivare	diventare	restare	uscire

1. Lo scorso sabato Marisa ed Elena *sono andate* (Es.) a Gubbio. Le ragazze (a.) _____ con il treno alle 9.00 di mattina. Marisa (b.) _____ subito entusiasta della città. Con la mappa in mano, Elena (c.) _____ dall'ufficio turistico per cercare la strada che porta al Duomo. Le ragazze (d.) _____ un'ora dentro il Duomo, e dopo hanno fatto un po' di shopping!

morire	nascere	rimanere	stare

2. Siccome mi chiamo Francesco, ho deciso di visitare Assisi. (a.) _____ all'ostello della gioventù, per due giorni. Come sapete, San Francesco (b.) _____ ad Assisi, nel 1182, ed (c.) _____ nel 1226. Veramente, non amo girare per monumenti e musei. Così, dopo un giorno passato in città, ho deciso di visitare il parco del Monte Subasio. (d.) _____ molto più felice in mezzo alla natura!

andare	arrabbiarsi	vivere

3. Tu e tuo nonno (a.) _____ a Todi perché il nonno (b.) _____ a Todi per quattro anni negli anni '60. Sfortunatamente, dopo una bellissima giornata, avete perso l'ultimo treno da Todi a casa. Povero nonno! Come (c.) _____ lui!

4-12. Perché l'ho già fatto! Spiega la ragione per queste affermazioni con **una frase al passato**. Segui l'esempio.

Esempio   Non ho più fame perché *ho già mangiato.*

Vocabolario utile: già = *already*, **prima** = *before / earlier*

1. Tu non hai più sete perché _____.

2. I bambini non hanno sonno perché _____.

3. La signora Bruni non va al supermercato perché _____.

4. Voi non vedete il film di Roberto Benigni perché _____.

5. Noi non vistiamo il palazzo Ducale di Gubbio perché _____.

6. Signora, perché non mangia? Lei _____?

7. Maria, tu non ti lavi perché _____.

8. Gli studenti non vengono in classe domani, _____ oggi.

STRUTTURA 4

Accordo tra participio passato e pronomi di oggetto diretto (*Agreement between past participle and direct-object pronouns*)

4-13. Quali parole sostituiscono? Leggi le frasi. Poi indica quale parola è rappresentata dal **pronome di oggetto diretto**. Segui l'esempio.

Esempio Li ho mangiati.	a. le caramelle	*b. gli spaghetti*
1. L'abbiamo visitato con la professoressa.	a. la chiesa	b. il museo
2. Li ho conosciuti per la prima volta.	a. gli amici di Mario	b. le amiche di Mario
3. Ma no! Non l'ho presa io!	a. la tua chitarra	b. il tuo flauto
4. Certo, l'abbiamo visto insieme.	a. l'opera	b. il film
5. Le hanno fatte qui, sul palcoscenico.	a. le prove	b. gli appuntamenti
6. Li hai visti in concerto, dove?	a. le cantanti	b. i cantanti
7. L'ho preso al bar.	a. l'acqua minerale	b. l'espresso
8. Che peccato che non l'avete fatta!	a. il biglietto	b. la prenotazione

4-14. L'hai messo sul pullman? Il direttore della piccola orchestra di Orvieto si prepara per tornare a casa da Spoleto e deve controllare se tutto è nel pullman. Completa le risposte, scrivendo **il pronome di oggetto diretto** per ogni parola sottolineata e fa l'accordo del **participio passato** quando è necessario.

1. Hai messo <u>la chitarra</u> nel pullman?

Sì, ＿＿＿＿＿＿ ho mess ＿＿.

2. Hai messo <u>i flauti</u> nel pullman?

Sì, ＿＿＿＿＿＿ ho mess ＿＿.

3. Hai messo <u>il violoncello</u> nel pullman?

Sì, ＿＿＿＿＿＿ ho mess ＿＿.

4. Hai messo <u>le trombe</u> nel pullman?

Sì, ＿＿＿＿＿＿ ho mess ＿＿.

5. Hai messo <u>la batteria</u> nel pullman?

Sì, ＿＿＿＿＿＿ ho mess ＿＿.

6. E dove hai messo <u>le chiavi</u> del pullman?

Oh no! ＿＿＿＿＿＿ ho lasciat ＿＿ nel pullman.

4-15. Chi ha rubato in casa Rossi? La famiglia Rossi è uscita di casa alle 20.00. Il signore e la signora Rossi sono tornati alle 22.00 e hanno trovato la loro casa in disordine! Il televisore, lo stereo e molti gioielli sono stati presi (*had been taken*). La polizia ha arrestato tre persone che abitano o frequentano il palazzo dove abita la famiglia Rossi. Leggi i loro alibi e decidi chi è innocente e chi è colpevole! Usa le informazioni nell'orario del film, la guida ai programmi TV e l'orario dell'autobus per arrivare alla tua decisione. Poi scrivi la tua decisione e indica le tue motivazioni. Chi è il colpevole e perché? Perché non sono colpevoli gli altri due?

1.

2.

3.

CHE BELLO SPETTACOLO IN PIAZZA! **57**

L'alibi di Paolo (studente d'ingegneria: abita in un monolocale al terzo piano): « *Non sono stato io perché alle 19.00 sono uscito di casa e sono andato al cinema Giometti per vedere* Toy Story 3: La grande Fuga *con mio nipote. Siccome il cinema è nel Centro Commerciale Borgonovo, abbiamo preso la macchina. Ho fatto benzina alle 19.22, ecco lo scontrino dal benzinaio* (gas station attendant). *Siamo tornati a casa alle 22.30.* »

L'alibi di Luigi (cameriere al Ristorante Cacio e Pepe. Abita in un appartamento al primo piano con sua moglie e i loro due figli): « *Non sono neanche uscito dall'appartamento! Sono stato a casa tutta la sera e ho guardato la televisione. Vuole sapere cosa ho visto? Ecco, alle 21.00 ho guardato il telegiornale su Rai Tre e prima del telegiornale, su Canale 7, ho visto un bel film—un classico di Roberto Rossellini.* »

L'alibi di Anna (figlia della Signora Carli, vedova. Anna viene a trovare la mamma spesso): « *Io sono stata in autobus per quelle due ore. Ho voluto prendere l'autobus da Firenze alle otto di sera, ma l'autobus è partito con il solito ritardo di 20 minuti. Siamo arrivati a Perugia alle 22.10 ed io sono entrata nel palazzo verso le 22.40. Può confermare tutto con mia madre, se vuole.* »

Scrivi i dettagli. Cambia i verbi dalla prima persona (io) alla terza persona (lui/lei).

Persona	Alibi per le ore 20.00–22.00	Innocente o colpevole? Perché:
Paolo		
Luigi		
Anna	*È partita da Firenze verso le 20.00; non è arrivata a Perugia prima delle 22.00.*	

Chi ha rubato la famiglia Rossi? Perché?

_____

_____

_____

_____

4-16. Piccolo quiz. Che cosa hai imparato di Umbria? Prova a rispondere a queste domande.

1. La città di Spoleto è famosa per il Festival dei due Mondi; quale città americana presenta "lo Spoleto Festival USA"? _____

   a. Charleston, South Carolina   b. Portland, Oregon

2. Quale città è il centro dell'Umbria Jazz Festival? _____

   a. Gubbio   b. Perugia

3. Le Marche sono note come _____.

   a. la "regione di cento poeti"   b. la "regione di cento teatri"

4. Ogni estate il Rossini Opera Festival ha luogo a _____.

   a. Pesaro   b. Macerata

5. Che cosa è *La Notte Bianca* ad Ancona? _____

   a. un festival di gare sportive   b. un festival di arte, musica, danza e teatro

6. Il giorno di San Valentino, gli innamorati possono scrivere versi d'amore su _____.

   a. un muro romano ad Ancona   b. un lungo cartiglio in centro di Perugia

7. Che cosa mangi di particolare a Norcia? _____

   a. le salsicce di cinghiale e il tartufo   b. i cioccolatini e i biscotti

8. Il famoso santo di Assisi è _____.

   a. Sant'Andrea, protettore dei pescatori   b. San Francesco, protettore degli animali

CAPITOLO 5

FESTE IN PIAZZA

VOCABOLARIO

Le feste

5-1. Cruciverba: Le feste!

© Cengage Learning 2015

Orizzontali:

7. I biscotti di Carnevale

8. Il gioco tradizionale di Natale

10. Il documento che ricevi quando finisci l'università

11. "Piccola Gerusalemme"

12. La torta tradizionale di Pasqua

13. Serve per coprire il viso a Carnevale

Verticali:

1. Il colore che tutti indossano a Capodanno

2. Il 15 agosto

3. Il fiore della Festa della Donna

4. La città del Palio

5. La torta tradizionale di Natale

6. La sera prima di una festa, come il 24 dicembre

9. Il 25 dicembre

5-2. Quando si celebra? Abbina le feste della colonna **A** con i mesi della colonna **B**. Attenzione: alcuni mesi sono *senza* feste.

A	B
_____ 1. la fondazione della Repubblica Italiana	a. gennaio
_____ 2. Natale e Chanukah	b. febbraio
_____ 3. Pasqua e la Festa della Liberazione	c. marzo
_____ 4. la Festa della Donna e la Festa del Papà	d. aprile
_____ 5. la Festa del Lavoro e la Festa della Mamma	e. maggio
_____ 6. Capodanno e l'Epifania	f. giugno
_____ 7. Ferragosto	g. luglio
_____ 8. Carnevale e San Valentino	h. agosto
_____ 9. San Giovanni Battista (Firenze)	i. settembre
_____10. l'inizio del Palio di Siena	j. ottobre
	k. novembre
	l. dicembre

STRUTTURA 1

L'imperfetto (*Imperfect Tense*)

5-3. In giro per Firenze. Tiziana e Fabio sono nella chiesa di Santa Croce a Firenze. Visitano le tombe di molte persone importanti e fanno commenti su come queste persone erano da vive. Completa il loro dialogo, scegliendo dalla lista i verbi **all'imperfetto**.

abitava	cantava	creava	disegnava	doveva	era
insegnava	osservava	poteva	scriveva	suonava	

Tiziana: Guarda Fabio! Ecco la tomba di Michelangelo!

Fabio: Da vivo Michelangelo (1.) _____ capolavori d'arte in continuazione! Pensa a quante opere di arte sono di Michelangelo! Era pittore, era scultore, ed (2.) _____ anche un poeta, vero?

Tiziana: Certo! Era proprio un genio. Non dimenticare: era anche architetto.

Fabio: Sì, è vero—la Biblioteca Laurenziana qui a Firenze è di Michelangelo. Allora Michelangelo (3.) _____ anche per i progetti architettonici. Pover'uomo, non (4.) _____ avere degli assistenti? (5.) _____ fare tutto lui da solo?

Tiziana: Ecco la tomba di Niccolò Machiavelli, il famoso filosofo e politico. Lui ha scritto _Il Principe_.

Fabio: So che mentre Machiavelli, nel 1513, (6.) _____ il suo famoso libro, (7.) _____ fuori Firenze, in una casa in campagna. _Il Principe_ era un regalo per Lorenzo de' Medici.

Tiziana: Guarda! Ecco la tomba del famoso musicista Gioacchino Rossini!

Fabio: Da piccolo mentre Rossini faceva i compiti, (8.) _____ la musica lirica! Niente rock per lui!

Tiziana: Spiritoso! Ho letto che da giovane, Rossini (9.) _____ il violino, il corno francese (_French horn_) e il clavicembalo (_harpsichord_).

Fabio: Va bene, ho capito, Rossini era molto più capace di me. Andiamo da questa parte. Tiziana. Vieni! Questa è la tomba di Galileo.

Tiziana: Che bella tomba! Perfetta per un filosofo come lui.

Fabio: Filosofo? Astronomo, no? Galileo (10.) _____ il cielo e le stelle con il telescopio.

Tiziana: Hai ragione, ma scriveva anche, e so che a Padova, Galileo (11.) _____ matematica in una scuola.

Fabio: Tiziana, io ho fame! Qui vicino c'è la famosa gelateria—Vivoli. Vogliamo andarci?

Tiziana: Certo! Andiamoci subito!

5-4. Che bei ricordi! Alla gelateria Vivoli, c'è la foto di un gruppo di studenti elementari in visita alla gelateria. Tiziana e Fabio continuano a parlare. Metti i verbi tra parentesi **all'imperfetto** per completare la loro conversazione.

Tiziana: Quando io (1. essere) _____ piccola, le gite scolastiche non (2. essere) _____ così divertenti.

Fabio: Hai ragione! Noi (3. andare) _____ spesso al museo, ma in gelateria… mai.

Tiziana: Quale gusto di gelato (4. preferire) _____ tu da piccolo? Cioccolato o crema?

Fabio: Io, da bambino, (5. prendere) _____ il gelato alla fragola. Vuoi sapere una cosa strana? Da piccole, alle mie sorelle, il gelato non (6. piacere) _____.

Tiziana: Da vero?! Quando eravamo piccoli, ci (7. piacere) _____ tutto perché mia madre (8. servire) _____ sempre moltissime cose. I miei genitori (9. dire) _____ sempre quel proverbio: "A chi ha lardo e pane non mancan' ospiti" (*He who has bread and bacon will always have guests*) e loro (10. invitare) _____ tutti i parenti a casa mia la domenica.

Fabio: Tu e tua sorella (11. divertirsi) _____ con tutti questi parenti?

Tiziana: Quando (12. venire) _____ i cugini piccoli della nostra età, sì! Noi (13. fare) _____ un gran fracasso (*racket*), e il nostro vecchio zio (14. arrabbiarsi) _____ sempre.

Fabio: Che bel ricordo! Dai! Parlami ancora della tua famiglia!

STRUTTURA 2

Passato prossimo e imperfetto (*Past Tense and Imperfect*)

5-5. Ricordi delle elementari. Alberto e Fabio parlano della scuola elementare. Completa la loro conversazione indicando se il verbo è **all'imperfetto** o **al passato prossimo**.

Alberto: In quinta elementare, quando noi (1. *eravamo / siamo stati*) piccoli, tu (2. *eri / sei stato*) sempre cattivello (*naughty*). Ogni giorno (3. *portavi / hai portato*) i fumetti di *Topolino* a scuola e li (4. *leggevi / hai letto*) di nascosto sotto il banco.

Fabio: Che buona memoria che hai! È vero, da piccolo mi (5. *piaceva* / *è piaciuto*) leggere i fumetti di *Topolino* così tanto che non (6. *volevo* / *ho voluto*) mai metterli via. Un giorno, però, (7. *arrivava* / *è arrivato*) un nuovo maestro di latino. Questo maestro (8. *era* / *è stato*) molto più giovane e più sveglio degli altri. Così il suo primo giorno in aula, lui mi (9. *vedeva* / *ha visto*) e (10. *capiva* / *ha capito*) subito che io non (11. *seguivo* / *ho seguito*) la lezione. All'improvviso, lui (12. *prendeva* / *ha preso*) il fumetto e cinque minuti dopo, io (13. *mi trovavo* / *mi sono trovato*) nell'ufficio del preside (*principal*) della scuola. In attesa di una bella sgridata (*scolding*)!

Alberto: Oh no! Quale punizione ti (14. *dava* / *ha dato*) il preside quel giorno?

Fabio: Io (15. *dovevo* / *ho dovuto*) scrivere "Non posso leggere *Topolino* durante la lezione" cinquanta volte! Sai, mi ricordo ancora come mi faceva male la mano e come (16. *mi lamentavo* / *mi sono lamentato*) mentre (17. *scrivevo* / *ho scritto*) quel compito. Vuoi sapere un'altra cosa? Sono sicurissimo che il preside (18. *teneva* / *ha tenuto*) *Topolino* per se stesso!

Alberto: Dici? Forse lui e il professore di latino (19. *andavano* / *sono andati*) al bar vicino a scuola dove (20. *lo leggevano* / *lo hanno letto*) con calma prima di tornare a casa. Non si diventa mai troppo grandi per *Topolino*!

5-6. Spiegazioni all'imperfetto. Usa l'imperfetto per spiegare le seguenti azioni. Segui l'esempio.

Esempio   Ho preso l'ombrello perché (piovere) *pioveva*.

1. Abbiamo mangiato perché (avere) _____ fame.

2. Renzo è andato in ufficio in autobus perché la macchina non (funzionare) _____ .

3. Si sono lavati perché (sentirsi) _____ sporchi e stanchi!

4. Ti ho portato dei fiori perché tu (stare) _____ male.

5. Avete mangiato subito le arance perché (essere) _____ fresche.

6. Mia sorella non ha risposto al telefono perché (studiare) _____ in biblioteca con il cellulare spento (*off*)!

7. Avete preso un caffè prima della lezione perché (avere) _____ sonno.

8. Ti sei messo un maglione perché (fare) _____ molto freddo!

5-7. Ecco quello che abbiamo fatto! Usa **il passato prossimo** per indicare le azioni fatte dalle persone nelle seguenti situazioni. Segui l'esempio.

Esempio Ieri, il sole splendeva e faceva caldo, così noi *siamo andati* (andare) al mare.

1. Era mezzanotte e la bambina aspettava Babbo Natale, ma aveva sonno, e così (addormentarsi) _____ !

2. Di solito non vincevi mai a tombola, ma quell'anno sei stato fortunato e (vincere) _____ 50 euro!

3. La settimana scorsa, nevicava così forte che l'aeroplano (partire) _____ con due ore di ritardo.

4. Dopo che Paola (mangiare) _____ tutti i cenci fritti, i suoi jeans erano un po' stretti (*tight*)! Bisogna stare attenti a Carnevale!

5. Durante la loro visita in Italia l'anno scorso, i miei cugini volevano arrivare a Lucca in macchina, ma non capivano le indicazioni sulla cartina. Così, loro (trovarsi) _____ sulla strada per Siena!

6. Io ti (dare) _____ il numero di Gianni perché tu volevi invitarlo alla festa di Capodanno.

7. Il primo giorno del Palio di Siena noi (fare) _____ le foto della città addobbata con le bandiere colorate!

8. Vostra nonna era contenta quando voi le (portare) _____ la colomba per Pasqua!

5-8. Cos'è successo? Tiziana vuole sapere perché Fabio è venuto a trovarla quando aveva un appuntamento per il calcio storico. Scegli **il tempo corretto** per completare la loro conversazione.

Tiziana: Fabio! Che fai qui? Non (1. *dovevi* / *sei dovuto*) andare all'allenamento (*practice*) per il calcio storico? Non (2. *volevi* / *hai voluto*) sapere cosa bisogna fare per partecipare?

Fabio: Tiziana, ho bisogno del tuo aiuto! Stamattina è andata proprio male al calcio storico! Vedi, tutti (3. *dovevano* / *hanno dovuto*) portare il costume tradizionale per l'allenamento, ed io sono arrivato in maglietta e jeans! (4. *Volevo* / *Ho voluto*) morire dall'imbarazzo (*from embarrassment*)! Sono andato subito via—e adesso che faccio?

Tiziana: Veramente tutti erano in costume? Non (5. *potevi* / *hai potuto*) convincere una persona comprensiva ad aiutarti? Dai, andiamo insieme e cerchiamo di persuadere loro a darti un'altra opportunità!

Fabio: Brava Tiziana, ecco perché (6. *volevo* / *ho voluto*) vederti! Tu sai sempre cosa fare in queste situazioni!

5-9. Vai a sapere... Roberta e Tiziana visitano San Gimignano e chiacchierano mentre passeggiano per la città. Scegli tra **sapere** e **conoscere** per concludere il loro dialogo.

Roberta: Che bel posto! Tu (1. *conosci / sai*) bene questa città? Io (2. *so / conosco*) solo che è famosa per le sue torri!

Tiziana: Bella sì, ma tu (3. *sapevi / conoscevi*) che ogni torre ha tremila scale da fare per arrivare in cima!

Roberta: (4. *Sai / Conosci*) quello che dicono: "L'esercizio fa bene alla salute!" Coraggio! Cammina!

Tiziana: Adesso voglio solo riposarmi! Quel ragazzo che (5. *abbiamo conosciuto / abbiamo saputo*) ieri sera ha detto che c'era una buona trattoria, "Da Leone," ma non mi ricordo i dettagli...

Roberta: Chiediamo a quella signora, forse lei (6. *sa / conosce*) la trattoria.

La signora: Mi dispiace ragazze, (7. *ho saputo / ho conosciuto*) da una mia amica che i proprietari hanno appena chiuso quella trattoria!

5-10. Una storia da raccontare. Racconta la storia di queste immagini. Cambia i verbi dal presente al passato, scegliendo tra **il passato prossimo** o **l'imperfetto**.

Gianni, Gina e Giacomo <u>decidono</u> (1.) _____ di comprare le mimose per la mamma. Gina <u>è</u> (2.) _____ contenta perché lei <u>ha</u> (3.) _____ dei soldi. Ma, come sempre, i suoi fratelli <u>sono</u> (4.) _____ senza un euro!

© Cengage Learning 2015

A Gina <u>piace</u> (5.) _____ l'idea di spendere tutti i soldi per un grande mazzo di mimose, ma i suoi fratelli <u>hanno</u> (6.) _____ un'altra idea. "Dai, Gina! Non spendere tutti i soldi per i fiori, così possiamo andare al cinema." <u>dice</u> (7.) _____ Giacomo.

Anche se Gianni e Giacomo <u>vogliono</u> (8.) _____ vedere un film al cinema, Gina <u>sa</u> (9.) _____ che il regalo per la mamma <u>è</u> (10.) _____ molto più importante.

© Cengage Learning 2015

La mamma <u>dice</u> (11.) _____ "Che bel regalo! Siete così
bravi che vi porto tutti al cinema! Che ne dite?" I fratelli <u>sono</u>
(12.) _____ contenti. Gina <u>ha</u> (13.) _____ ragione—
sacrificare il cinema per il regalo per la mamma <u>è</u> (14.) _____
un'ottima idea!

VOCABOLARIO

I ricordi dell'infanzia e dell'adolescenza

5-11. La vita della nonna. La nonna di Tiziana le parla della sua vita, ma non trova sempre le
parole giuste. Completa le sue frasi, scegliendo la parola corretta per ogni frase.

1. Quando avevo sette anni, frequentavo (*la scuola elementare* / *la scuola superiore*).

2. A quell'età ero molto sportiva e adoravo Topolino e Paperino. Invece di studiare, leggevo
(*i fumetti* / *la gara*).

3. Quando avevo 17 anni, frequentavo (*la scuola elementare* / *la scuola superiore*).

4. L'ultimo anno di liceo, ero ancora sportiva e poco studiosa, non mi volevo preparare per
(*la recita* / *l'esame di maturità*).

5. E così non ho fatto bene l'esame. Che (*adolescenza* / *malinconia*)!

6. Ma sognavo ancora di entrare all'università per ottenere (*un ricordo* / *una laurea*).

7. Al liceo, avevo (*un professore indimenticabile* / *uno scherzo*), e lui lavorava con me ogni
sabato per diversi mesi.

8. Con il suo aiuto, sono entrata all'università un anno dopo dei miei amici, ma ero preparata e (*entusiasta* / *triste*).

STRUTTURA 3

Gli avverbi (*Adverbs*)

5-12. Avverbi. Scegli la parola con il significato **contrario dell'avverbio** per completare la frase.

Segui l'esempio.

Esempio   Babbo Natale arrivava **puntualmente** ogni anno.
Non era mai   a. in anticipo.   *b. in ritardo.*

1. Come guidi **velocemente**! Questa macchina non è   a. lenta.   b. rapida.

2. Tutti ballavano **allegramente** alla festa, nessuno era   a. triste.   b. felice.

3. Quando è Capodanno, i nostri vicini festeggiano

   rumorosamente! Non abbiamo mai un minuto di   a. silenzio.   b. baccano.

4. Mia madre mi parlava **dolcemente**, non era mai   a. simpatica.   b. severa con me.

5. I nostri parenti abitano in America. Li vediamo
   raramente, non molto   a. spesso.   b. di rado.

6. Il professore spiega tutto **confusamente**! Lui non è   a. chiaro.   b. disordinato.

7. L'avvocato parla **gentilmente** con i suoi clienti, non è   a. cortese.   b. scortese.

8. Lo studente segue la spiegazione **attentamente**,
   non è   a. distratto.   b. attento.

5-13. Il Capodanno di Fabio. Scegli l'**avverbio** corretto per ogni frase.

Da	Fabio@yahoo.email.it
A	Alberto@yahoo.email.it
Oggetto	Capodanno

Ti racconto com'è andato Capodanno. Ti ricordi Gianluca? Lui mi ha invitato ad una festa a casa sua. Però anche Tiziana dava una festa quella sera. Sono arrivato (1. *prima* / *dopo*) da Gianluca alle 9.00 con l'idea di andare via (2. *presto* / *tardi*) perché volevo passare da Tiziana verso le 11.00 (3. *prima* / *dopo*) la festa di Gianluca. Da Gianluca, (4. *poi* / *spesso*), ho cominciato a giocare a carte e ho vinto! Non controllavo l'ora e (5. *sempre* / *quando*) ho sentito tutti gridare, "Buon anno!" ho capito che ero in ritardo per la festa di Tiziana! (6. *A volte* / *Allora*) ho telefonato a Tiziana e le ho chiesto scusa! Tiziana mi ha detto, gentilmente, di passare da lei quando volevo. La sua casa era (7. *mai* / *ancora*) piena di ospiti. (8. *Finalmente* / *Qualche volta*) ho salutato Gianluca e sono andato da Tiziana. Ma quando sono arrivato da Tiziana, era (9. *sempre* / *troppo*) tardi: non c'era (10. *mai* / *più*) gente a casa sua e lei dormiva! Ho fatto una figuraccia!

STRUTTURA 4

Pronomi di oggetto indiretto (*Indirect-object pronouns*)

5-14. Pensiamo in maniera indiretta. Inserisci un possibile **pronome** per ogni persona.

    1. a me: _____

    2. alla mamma: _____

    3. a Fabio: _____

    4. ai bambini: _____

    5. a te: _____

    6. a noi: _____

    7. alle bambine: _____

    8. a voi: _____

5-15. A chi? Roberta aiuta un amico in ufficio. Questi sono i suoi pensieri, mancano i **pronomi indiretti**. Sostituisci le parole sottolineate con i pronomi corretti.

    1. Devo consegnare questo pacco <u>al direttore</u>. _____ do il pacco.

    2. Adesso devo telefonare <u>alla signorina</u>. _____ dico di venire in ufficio alle 11.00.

    3. <u>La signorina e il ragioniere</u> arrivano insieme per le 11.00, allora io preparo le cose che _____ servono.

    4. Rispondo al telefono: "Pronto... Ciao Tiziana, sei tu! Io sono occupatissima! Posso mandare un sms <u>a te</u> dopo pranzo?" Lei risponde, "Sì _____ scrivi dopo, ciao!"

    5. Chi mi aspetta al portone? Lei ha dei fiori <u>per me e Tiziana</u>? Ma, chi _____ ha mandato questi bellissimi fiori?

    6. Vediamo il biglietto, "Ciao Roberta e Tiziana, questi sono <u>per voi</u>, _____ mando dei fiori per la Festa della Donna!"

5-16. I regali. Tiziana si trova in centro e ha poco tempo per comprare i regali di Natale per gli amici e la famiglia. Completa i suoi pensieri con **il pronome indiretto** corretto. Segui l'esempio.

Esempio Cosa prendo per la simpatica signora che abita nell'appartamento di fronte? *Le* prendo una bella pianta!

1. Cosa posso mandare ai cugini a Roma? Forse _____ mando della carta da lettere fiorentina per scrivere delle lettere eleganti.

2. Il panettone piace alla professoressa di storia, allora _____ compro un bel panettone.

3. Ho chiesto a Paolo se _____ servivano (*if he needed*) dei vestiti nuovi. Pensavo di comprare una maglietta…

4. Alberto sa che io e Tiziana vogliamo le calze rosse per capodanno. Lui _____ regala le calze di sicuro.

5. Cosa posso regalare agli amici che abitano a Lucca? _____ regalo un buon vino toscano. Il vino piace sempre!

6. Ma guarda chi c'è qui in centro! Ehi! Alberto! Fabio! Ciao! Ascoltate, _____ piacciono ancora i giochi elettronici? Che dite?

7. La zia vuole le candele per il candelabro (*candle holder*). Allora io _____ prendo quelle belle candele bianche.

8. Oooh, il vestito di Prada qui in vetrina è bellissimo! Lo adoro! Chissà se posso convincere mia madre a comprar _____ questo vestito?

5-17. Piccolo quiz. Devi aiutare a scrivere un paragrafo sulle feste in Toscana per un brochure turistico. Completa il paragrafo con queste parole.

fumetti	calcio storico	Palio
carnevale	Zita	Monteriggioni

In Toscana, fanno molte celebrazioni di momenti medioevali: a Siena fanno il (1.) _____, a Firenze c'è il (2.) _____ e c'è un festival dedicato a un canto dell'*Inferno* di Dante nel piccolo borgo di (3.) _____. Poi, se non potete arrivare a Venezia, anche Viareggio offre un bel (4.) _____! E non disperate, la Toscana non si è bloccata nel medioevo—ogni primavera tantissimi giovani vengono a Lucca per la festa dei (5.) _____. Lucca offre anche una celebrazione di fiori per la santa patrona, (6.) _____, protettrice di casalinghe e di domestiche.

CAPITOLO 6

AL RISTORANTE DELLA PIAZZA CON I COLLEGHI

VOCABOLARIO

Al ristorante

6-1. Non tutti i gusti sono giusti. Leggi le descrizioni e trova la soluzione giusta per queste persone.

1. Sono vegetariana. Non mangio mai _____.

   a. i pomodori   b. la grigliata

2. Sono a dieta. Non prendo _____.

   a. il dolce   b. il contorno di insalata

3. Sono allergica ai latticini *(dairy products)*. Non posso mangiare _____.

   a. la mela   b. il formaggio

4. Adoro la pizza. Ordino sempre _____.

   a. un bel tiramisù   b. una bella Margherita

5. All'una usciamo dall'ufficio, ma abbiamo fretta. Prendiamo i nostri panini _____.

   a. al bar, al tavolino   b. al ristorante, seduti al tavolo

6. Mi piace fare colazione _____.

   a. al ristorante con un primo e un contorno   b. al bar, dove prendo un cornetto e un cappuccino

7. Che sete! Vorrei _____.

   a. un'acqua minerale gassata   b. un minestrone

8. Per mangiare questa bella bistecca, ho bisogno di _____.

   a. un cucchiaio e un bicchiere   b. una forchetta e un coltello

6-2. Il cameriere confuso. Il cugino di Ilaria lavora come cameriere al Ristorante da Anna. Non ha ancora imparato a memoria il menu e continua a fare confusione. Aiutalo ad organizzare i piatti nelle categorie corrette.

piatti	antipasti	primi	secondi	contorni	dolci
1. bistecca alla fiorentina	❏	❏	❏	❏	❏
2. cotoletta alla milanese	❏	❏	❏	❏	❏
3. crostata di frutta	❏	❏	❏	❏	❏
4. filetto con i funghi porcini	❏	❏	❏	❏	❏
5. piadine vegetariane	❏	❏	❏	❏	❏
6. insalata verde	❏	❏	❏	❏	❏
7. lasagne alla bolognese	❏	❏	❏	❏	❏
8. patatine fritte	❏	❏	❏	❏	❏
9. salmone alla griglia	❏	❏	❏	❏	❏
10. pollo arrosto	❏	❏	❏	❏	❏
11. prosciutto e melone	❏	❏	❏	❏	❏
12. risotto con i funghi	❏	❏	❏	❏	❏
13. spaghetti alle vongole	❏	❏	❏	❏	❏
14. spinaci saltati all'aglio	❏	❏	❏	❏	❏
15. zuppa inglese	❏	❏	❏	❏	❏

STRUTTURA 1

I partitivi (*Partitives*)

6-3. La pausa pranzo. È mezzogiorno e Vittoria e Dina escono dall'ufficio insieme per la pausa pranzo. Completa la loro conversazione scegliendo **il partitivo** corretto.

Dina: Che bella giornata! Che peccato che dobbiamo tornare in ufficio. Vorrei passare il pomeriggio al parco, con un cestino dal Panificio Pallottini con (1. *dei / qualche*) biscotti, e forse anche (2. *alcuni / alcune*) pasticcini alla frutta.

Vittoria: Conosco bene quel posto, ho (3. *degli / delle*) amiche che abitano proprio dietro il panificio. La colazione del Panificio Pallottini è d'obbligo! Hanno (4. *dei / delle*) paste con la crema e uvetta, o con la ricotta, che sono deliziose.

Dina: Che amiche fortunate che hai! Basta andare da Pallottini per mangiare (5. *alcuni / delle*) cornetti freschi…

Vittoria: …e dimentichi subito di essere a dieta!

Dina: Va bene, cerchiamo di non pensare alle delizie che ci aspettano al Panificio Pallottini. Che cosa vogliamo fare adesso? Ecco un bar, ti va di mangiare (6. *alcuni / qualche*) antipasto insieme al tavolino?

Vittoria: Veramente preferisco mangiare con calma. Qui vicino ci sono (7. *alcuni / qualche*) ristoranti buoni. Tutti hanno (8. *dei / delle*) tavolini all'aperto e possiamo godere (9. *alcuni / un po' di*) questo splendido sole!

Dina: Perfetto! Magari possiamo anche prendere (10. *del / alcuni*) gelato dopo pranzo.

6-4. Dalla salumeria da Mario. Ilaria gira con il carrello nella salumeria, persa nei suoi pensieri (*lost in thought*). Completa i suoi pensieri con **i partitivi** della lista.

degli	della	dello	dell'	qualche	un po' di	alcuni	delle

Vediamo, a casa ho (1.) _____ acqua minerale gassata e siccome (2.) _____ amici non bevono vino, ho bisogno di (3.) _____ bottiglia di Coca-Cola. Penso di preparare anche (4.) _____ spaghetti, magari con (5.) _____ vongole veraci. Poi, mi serve anche (6.) _____ marmellata di fragola… Oh no, che fila lunga per pagare! Ho bisogno di (7.) _____ pazienza per fare questa fila. Aspetta! Cosa ci dice quella signora? Oh! Ci offrono (8.) _____ zabaione, fatto in casa, mentre aspettiamo in fila, che idea geniale!

STRUTTURA 2

Piacere (To like)

6-5. Quanto mi piace Ferrara! Completa l'email di Marcello ad Ilaria con *piace* e *piacciono*.

DA	marcellino@yahoo.email.it
A	Ilaria78@yahoo.email.it
Oggetto	Ferrara è fantastica!

Ilaria,

Ferrara mi (1.) _____ soprattutto perché è veramente a misura d'uomo!

Cominciamo con il Museo Archeologico: mi (2.) _____ i vasi antichi, sono

eccezionali. Poi, tu sai come mi (3.) _____ andare in bicicletta? Ho trovato

una pista per le biciclette lungo le mura. In centro mi (4.) _____ le stradine

piccole e strette—sono così caratteristiche. Passiamo al mangiare: a Ferrara ci sono

questi chioschi per la strada che vendono diversi tipi di piadine e posso dire con

certezza che mi (5.) _____ tutte le piadine che vendono. Sì, Ferrara è da

visitare.

A presto, Marcello

6-6. Le è piaciuto? Ieri sera al Ristorante da Anna, il cuoco ha fatto un giro per salutare i clienti. Formula le sue domande usando il verbo *piacere* **al passato prossimo** e **l'oggetto indiretto** corretto. (Attenzione: con alcune persone, bisogna usare la forma Lei!) Segui l'esempio.

Esempio   La signora Grandelli, ha mangiato i tortellini: *Signora, le sono piaciuti i tortellini?*

1. Roberto, un caro amico del cuoco, ha ordinato le tagliatelle:

   _____

2. La signorina Fredda e il suo fidanzato hanno mangiato una pizza quattro stagioni in due:

   _____

3. La signorina Foscolo, ha mangiato un risotto ai funghi:

   _____

4. Giacomo e Silvano, due amici del cuoco, hanno mangiato le lasagne al forno:

_____

5. Il signor Ravello, ha scelto la bistecca ai funghi:

_____

6. Marinella, una bambina di sei anni, ha mangiato gli spaghetti al pomodoro:

_____

6-7. Le cose che piacevano... Descrivi come cambiano i gusti. Coniuga il verbo *piacere* **all'imperfetto** per le cose che piacevano, e **al presente** per le cose che piacciono. Non dimenticare **il pronome indiretto**. Segui l'esempio.

Esempio io / telefonare agli amici / scrivere le mail

Una volta mi piaceva telefonare agli amici; oggi mi piace scrivere le mail.

1. a Marcello / giocare a tennis / guardare le partite di calcio

_____

2. ai bambini / le caramelle / la pizza

_____

3. a Ilaria / i ravioli / i tortellini

_____

4. al professore / studiare / insegnare

_____

5. a noi / i fumetti di *Topolino* / i libri di Roberto Saviano

_____

6. a voi / gli spaghetti al burro / il pesce grigliato

_____

7. a Lei, Signora Franti / il gelato al cioccolato / la macedonia di frutta

_____

8. a te / guardare la televisione / guidare la macchina

_____

VOCABOLARIO

Le professioni e i mestieri

6-8. Che lavoro fanno? Aiuta le persone a trovare i nomi delle loro professioni. Sotto gli oggetti, scrivi il nome dall'elenco del suo lavoro.

cameriere	giornalista	meccanico	medico
poliziotto	postino	professoressa	segretaria

1.

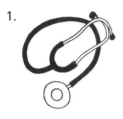

_____

2.

_____

3.

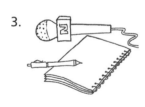

_____

4.

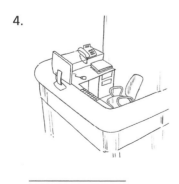

_____

5.

_____

6.

_____

7.

_____

8.

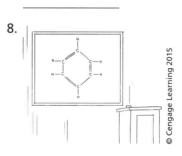

© Cengage Learning 2015

_____

6-9. Cruciverba: Le professioni.

Orizzontale:

1. visita e cura i malati

4. consegna i pacchi e le lettere a casa

8. insegna all'università

9. difende uno che è stato accusato di illegalità

11. dipinge quadri e scolpisce sculture

12. prepara le medicine in farmacia

13. guida l'autobus

14. cucina e prepara i piatti in un ristorante

15. cura e taglia i capelli

Verticale:

2. disegna progetti e dirige le costruzioni

3. lo fa chi offre i suoi servizi senza ricevere un salario

4. mantiene la pace e protegge la comunità

5. risponde al telefono e fissa appuntamenti in ufficio

6. scrive per i giornali

7. ripara le automobili rotte

10. serve a tavola in un ristorante

STRUTTURA 3

Ci e *ne*

6-10. Ci va lui, ci va lei... Indovina dove vanno queste persone.

1. Ci va per comprare frutta e verdura fresca per il ristorante: _____

   a. Il cuoco va al mercato all'aperto.   b. Il cuoco va in pescheria.

2. Ci va per fare delle ricerche sull'arte del Rinascimento: _____

   a. Il professore di chimica   b. Il professore di storia dell'arte va al
   va al laboratorio.   museo.

3. Deve passarci per visitare i suoi pazienti: _____

   a. Il medico va in ospedale.   b. Il medico va in farmacia.

4. Ci va ogni giorno per allenarsi per la maratona: _____

   a. L'atleta va in palestra.   b. Il professore va in aula.

5. La signora ci porta la sua macchina rotta: _____

   a. La signora cerca un medico all'ospedale.   b. La signora cerca un meccanico al garage.

6. Gli studenti ci vanno per studiare in silenzio: _____

   a. Vanno in biblioteca a prepararsi.   b. Vanno al parco per riposarsi.

6-11. *Ci o ne*? Completa la conversazione usando *ci* oppure *ne*.

Marcello: Ho bisogno di pennarelli neri per la presentazione domani. Tu quanti

(1.) _____ hai?

Ilaria: La presentazione è domani? Non sono preparata! Quanti (2.) _____

abbiamo oggi? Che giorno è domani? Vado subito in biblioteca. Tu

(3.) _____ vieni con me? Mi puoi aiutare?

Marcello: Mi dispiace, ma non posso aiutarti adesso. Devo comprare i biglietti per la Festa

della Gastronomia a Modena. Isabella ed io vogliamo (4.) andar _____

sabato. Vuoi venire con noi?

Ilaria: Marcello, ti prego, aiutami! Che cosa dobbiamo fare per la presentazione? Sei

sicuro che (5.) _____ abbiamo discusso in classe?

Marcello: Ilaria, questi biglietti sono preziosi. Se non li compro oggi, domani non li trovo più!

Dimmi, vieni con noi a Modena o no?

Ilaria: (6.) _____ vengo volentieri se sono ancora viva dopo questa presentazione!

Adesso mi metto a lavorare…

STRUTTURA 4

Il trapassato prossimo (*The past perfect*)

6-12. Complimenti o critiche? Abbina **le osservazioni** con **le reazioni.**

Osservazioni	Reazioni
___ 1. Che bei pantaloni, non li ho visti prima, e ti stanno proprio bene!	a. Non li avevi mai preparati? Dai, non essere frustrata, con un po' di pratica diventi una brava cuoca.
___ 2. Modena è una città grande. C'è anche un'università, sono contenta di averla visitata.	b. Non avevo capito com'era importante preparare i pasti in casa. Quei corsi erano meravigliosi.
___ 3. Ti sono piaciuti i corsi di cucina che hai fatto l'anno scorso.	c. È l'amica della zia! Era venuta per salutarti, ma tu non c'eri. Perché non provi a chiamarla sul cellulare?
___ 4. Sì, doveva proprio scappare. Ha ricevuto una telefonata dall'ospedale! Non torna oggi.	d. Grazie, li avevo comprati quando ero ancora un po' grassa, ma dopo quella dieta, riesco a mettermeli.
___ 5. Preparare i tortellini a casa non è mica facile, sai!	e. Hai ragione, non ero mai venuto prima a mangiare qui, ma sapevo che era un posto eccezionale!
___ 6. Chi era quella signora? Perché è venuta qui?	f. La segretaria ha detto che il signor Piperno era già uscito quando noi siamo arrivati e non è ancora tornato in ufficio. È possibile?
___ 7. Mi è proprio piaciuto quel film, e a te?	g. Hai ragione, anche se l'avevo già visto, era bello rivederlo!
___ 8. Questa trattoria è fantastica! Ed è molto economica.	h. Non ci eri mai stata, neanche per lavoro?

6-13. Ecco perché... Coniuga i verbi tra parentesi **al trapassato prossimo** per spiegare le situazioni di tutte queste persone.

1. Tu eri preso dal panico prima del tuo colloquio perché (dimenticarsi)

   _____ di portare il tuo CV.

2. Alla fine, Ilaria è arrivata in classe con una bella presentazione. Purtroppo era troppo

   stanca per parlarne perché non (dormire) _____ la sera prima!

3. Siccome quel giorno Vittoria e Dina non (uscire) _____ per andare a pranzo, nel

pomeriggio avevano tantissima fame e hanno mangiato tutte le caramelle riservate per i clienti.

4. Mi hanno appena detto che voi (fare) _____ già uno stage in quest'agenzia

l'anno scorso. Allora, come mai siete ritornati per una seconda esperienza?

5. Il nostro capo non voleva scrivere una lettera di raccomandazione perché sapeva che noi

non (finire) _____ il nostro progetto in tempo!

6. Ho fatto un'ottima impressione! Io _____ la direttrice dell'azienda all'opera

l'altro ieri e oggi al colloquio le ho parlato a lungo di Giuseppe Verdi.

6-14. Piccolo quiz. Ti ricordi? Vediamo cosa hai imparato. Scegli la risposta giusta.

1. Quando ordini un piatto di salumi e formaggi misti, è un _____.

   a. antipasto   b. primo piatto

2. La Festa della Gastronomia ha luogo a _____.

   a. Modena   b. Bologna

3. La "grassa", la "dotta" e la "rossa" sono tre nomi per quale città? _____

   a. Ferrara   b. Bologna

4. La ditta Ferrari produce _____.

   a. pasta   b. macchine

5. "L'ombelico di Venere" riferisce ai _____.

   a. ravioli   b. tortellini

6. Uno stagista o un volontario lavora senza ricevere uno _____.

   a. stipendio   b. ferie

7. Qual è l'ordine giusto? _____

   a. fare domanda, annuncio di lavoro,   b. annuncio di lavoro, fare domanda,
      fare un colloquio   fare un colloquio

8. Il tipico curriculum vitae italiano _____.

   a. include la data di nascita e l'età   b. non include né la data di nascita né
      del candidato   l'età del candidato

CAPITOLO 7

IN VACANZA TRA PIAZZE E BELLEZZE NATURALI

VOCABOLARIO

I mezzi pubblici

7-1. Scusi, come si gira? Nunzio, un amico di Ruggero, lavora in un'agenzia di viaggi e deve spiegare il significato delle seguenti parole ad un gruppo di stranieri che vuole usare diversi mezzi pubblici. Abbina le espressioni della colonna **A** con quelle della colonna **B**.

A	B
____ 1. il passaporto	a. Una macchina con autista a pagamento, fa parte del trasporto pubblico in città.
____ 2. il pullman	b. Un treno che viaggia sottoterra e trasporta la gente in tutte le parti della città.
____ 3. il biglietto	c. Il mezzo con cui viaggi quando vai in crociera.
____ 4. il porto	d. Un documento di identità.
____ 5. la nave	e. Foglio di carta che dimostra che hai pagato.
____ 6. la metropolitana	f. Un autobus dedicato ai percorsi più lunghi, che viaggia tra diverse città.
____ 7. il taxi	g. Il posto, vicino al mare o al fiume, da cui le navi partono.
____ 8. la fermata dell'autobus	h. Il posto dedicato agli autobus, si fermano qui per fare scendere e salire le persone.

7-2. Cruciverba: In sala d'attesa.

Orizzontali

1. fuori dai confini del tuo paese

5. il contrario di economico

6. un'altra parola per "macchina"

8. prendere a bordo

10. dove si va per prendere un volo

11. prendere il volo, staccarsi da terra

14. fissare in anticipo, riservare

Verticali

1. il contrario di costoso

2. non lavorare per protesta

3. pagare per usare una cosa

4. il costo aggiuntivo (di un trasporto)

7. arrivare a terra

9. il contrario di lento

12. un treno che si ferma alle stazioni locali

13. dove si va per prendere un treno

7-3. Andiamo a Palermo? Giulio e Roberto hanno cercato delle informazioni in un blog turistico per il loro viaggio a Palermo. Hanno ricevuto una risposta, ma mancano delle parole chiavi. Leggi il loro messaggio e poi completa la risposta scegliendo le parole dalla lista.

aereo	autobus	biciclette	pullman
traghetto	treno	supplemento	rapido

Benvenuti al forum ITALOVIAGGI: Palermo

Inserite domande qui:

#23: Siamo due studenti universitari di Roma e vogliamo visitare Palermo. Come ci si arriva da Roma? Come si gira in città senza la macchina? È difficile raggiungere altri posti della Sicilia da Palermo? Grazie, Giulio e Roberto

Risposta a #23:

Ciao Giulio e Roberto, sono Ruggero e vi rispondo da Palermo! Per arrivare velocemente a Palermo da Roma, vi consiglio di venire in (1.) _____. Consultate i voli per l'aeroporto di Falcone-Borsellino, vicino a Palermo, o andate alla stazione e prendete un (2.) _____! Un'altra idea è di venire per mare: si parte da Civitavecchia e si arriva direttamente a Palermo in (3.) _____. Ovviamente, viaggiare in treno è la soluzione più economica, anche se bisogna pagare il (4.) _____ per un treno (5.) _____. A Palermo, si gira facilmente a piedi, ma ci sono anche molti (6.) _____ urbani, basta cercare la fermata con la scritta "AMAT". O potete noleggiare delle (7.) _____! Da Palermo è facile arrivare in altri posti della Sicilia, sia in treno sia in (8.) _____. Buon viaggio!

STRUTTURA 1

Si impersonale (*Impersonal form*)

7-4. Si parte da Palermo. Ruggero offre a Valentina qualche idea per andare fuori Palermo per il weekend. Coniuga i verbi tra parentesi **al *si* impersonale**.

Ruggero: Valentina, ecco l'orario dei treni. Che ne dici? (1. partire) _____ in treno per Messina? Taormina? Se vuoi, possiamo andare anche alle isole Eolie—sono bellissime!

Valentina:	Dimmi, alle isole Eolie, come (2. arrivare) _____?	

Valentina: Dimmi, alle isole Eolie, come (2. arrivare) _____?

Ruggero: Guarda, se (3. prendere) _____ l'aliscafo dal porto d'imbarco qui a Palermo, (4. potere) _____ scendere a Lipari; ti va?

Valentina: Ma dove (5. comprare) _____ i biglietti? (6. prenotare) _____ i biglietti su Internet?

Ruggero: Possiamo andare in quell'agenzia di viaggi che abbiamo visto in piazza. Lì (7. trovare) _____ tutte le informazioni necessarie!

Valentina: È vero che da Lipari (8. raggiungere) _____ le altre isole?

Ruggero: Certo! Con l'aliscafo (9. passare) _____ facilmente da un'isola all'altra! Sarà molto divertente! E non dimenticare la macchina fotografica! Dall'aliscafo (10. fare) _____ delle foto eccezionali!

7-5. Dove si va? Come si fa? Nunzio cerca di aiutare tutte le persone che sono entrate nell'agenzia di viaggi. Abbina le risposte della colonna **A** con le domande della colonna **B**.

A	**B**
____ 1. Se andremo alla spiaggia vicino ad Alghero, cosa potremo fare lì?	a. Si comprano in edicola, dal tabaccaio o alla fermata dell'autobus.
____ 2. Com'è il mare ad Alghero?	b. No, non bisogna comprare nulla prima di partire. Si paga sul pullman.
____ 3. Vorrei fare una prenotazione in una pensione a Catania. Che devo fare?	c. Ci si divertirà moltissimo, sarà veramente una bell'escursione.
____ 4. Come si dorme in campeggio?	d. Si dice che l'acqua è blu e pulita.
____ 5. Dove possiamo comprare i biglietti per l'autobus?	e. Si mangiano gli spaghetti alle vongole, sono la loro specialità.
____ 6. La gita scolastica in programma per domani, sarà interessante o no?	f. Si prenderà il sole, si farà il bagno nel mare.
____ 7. Perché ci consiglia di andare in quel ristorante, che cosa dobbiamo ordinare?	g. Si dorme bene in tenda, non bisogna preoccuparsi!
____ 8. Devo comprare il biglietto in anticipo per il pullman che va a Messina?	h. Si prenota la camera via mail o via fax con la carta di credito.

STRUTTURA 2

Il futuro (*Future tense*)

7-6. Torneremo in Sicilia? Giulio e Roberto si sono divertiti molto a Palermo. Adesso pensano ad altri possibili itinerari per una visita da fare in un prossimo futuro. Coniuga i verbi tra parentesi **al futuro.**

Giulio: Se un giorno (1. noi / visitare) _____ Messina, cosa (2. noi / vedere) _____?

Roberto: A Messina (3. tu / vedere) _____ una cosa straordinaria: il campanile della cattedrale ha il più grande orologio meccanico-astronomico al mondo!

Giulio: Hmm, non sono del tutto convinto. Ti ricordi mia cugina che vive in Sardegna, Rossella? Mi ha detto che l'anno prossimo lei ed i suoi amici (4. andare) _____ ad Agrigento. Cosa (5. si / potere) _____ fare di bello ad Agrigento?

Roberto: Di sicuro (6. loro / visitare) _____ gli edifici antichi nella Valle dei Templi. Dicono tutti che è un posto meraviglioso. Forse (7. dovere) _____ andare anche noi con loro l'anno prossimo.

Giulio: Ma! Chissà se Rossella ed i suoi amici (8. volere)_____ viaggiare con noi!

Roberto: So che Rossella non sa guidare, forse nessuno di loro guida! Se (9. noi / offrire) _____ di noleggiare una macchina, (10. loro / essere) _____ contenti perché così non (11. loro / dovere)_____ dipendere sui mezzi pubblici!

Giulio: Bravo! Allora chiamiamo Rossella per dirle che (12. noi / incontrarsi) _____ ad Agrigento l'estate prossima!

7-7. Ecco i programmi di viaggio. Nell'agenzia di viaggi, Nunzio ha preparato le mail con gli itinerari per i suoi clienti più esigenti e particolari, ma un virus ha bloccato i verbi! Aiutalo a spedire le mail; coniuga tutti i verbi tra parentesi **al futuro.**

A: Professor Pioli

Oggetto: Pacchetti vacanza

Lei (1. visitare) _____ tutti i monumenti importanti in un gruppo limitato ad otto adulti, accompagnato da una professoressa di archeologia. Il prezzo (2. coprire) _____ tutti i costi: autobus, pasti, albergo, biglietti di entrata, ecc. So che lei (3. volere) _____ l'assicurazione del viaggio, i documenti (4. arrivare) _____ lunedì. E come sempre, (5. noi / pagare) _____ tutto in anticipo. Meno stress per Lei!

A: Marco e Marcella Maturi.

Oggetto: Luna di miele: trekking e campeggio

Vi suggerisco di visitare l'Etna! Se (6. andare / voi) _____ con il gruppo, *"Dal mare alla lava"*, loro vi (7. portare)_____ in cima a vedere l'attività vulcanica da vicino! (8. voi / fare) _____ delle foto eccezionali.

A: La signora Della Valle

Oggetto: Albergo-Spa di lusso

In questo nuovo Albergo-Spa sulla splendida Costa Smeralda, Lei (9. rilassarsi) _____ mentre le estetiste (10. preparare) _____ dei trattamenti con creme fatte di frutta, e in omaggio (*as a gift*) loro (11. offrire) _____ una maschera per il viso fatta con le arance locali... Nell'albergo lei (12. trovarsi) _____ in una camera gigante con tutti i comfort possibili! (purtroppo i pasti ed i servizi spa non (13. essere) _____ inclusi nel prezzo della camera).

A: I signori Rossi, i signori Bianchi

Oggetto: Appartamento al mare per famiglie

L'Agenzia Casealmare vi (14. dare) _____ un bell'appartamento per il mese di

agosto. Sarà perfetto per le vostre due famiglie: vicino alla spiaggia, con un giardino. Ho

avvisato l'agenzia che (15. voi / venire) _____ con dei bambini piccoli, e i padroni vi

(16. chiedere) _____ un deposito di 100 euro oltre al costo dell'appartamento, in

caso di danni. I padroni (17. volere) _____ anche chiarire che l'appartamento non

(18. potere) _____ accomodare nessun tipo di animale. Quindi, Signora Bianchi, mi

dispiace, ma sua figlia non (19. avere) _____ il permesso di portare il pesciolino...

se ha bisogno, noi lo (20. tenere) _____ qui in agenzia!

7-8. Buttiamoci ad indovinare con il futuro. Abbina le possibili spiegazioni della colonna A con

le situazioni descritte nella colonna B.

A	B
____ 1. Sono già le 19.00 e Mario non è ancora rientrato dall'ufficio!	a. Sarà ad Agrigento!
	b. Andranno in spiaggia.
____ 2. Alla fine Maria non andrà in quel posto, rimarrà in una pensione.	c. Si troverà in centro senza la piantina della città.
____ 3. C'è Sara al telefono. Dice che non capisce quale autobus deve prendere.	d. Passeranno le serate in discoteca e faranno le ore piccole!
____ 4. La chiamo e la richiamo, ma non risponde!	e. L'albergo sarà troppo costoso.
____ 5. Cercano un ombrellone e dei teli da bagno.	f. Ci sarà molto traffico.
____ 6. È arrivata una cartolina da Vanessa, dice "Saluti dalla Valle dei Templi!"	g. Il suo telefonino sarà rotto!
____ 7. Non vuole mangiare nulla.	h. Avrà mal di stomaco.
____ 8. Di giorno non fanno altro che dormire!	

VOCABOLARIO

L'albergo

7-9. Un albergo di lusso... ma quante regole! Completa l'elenco delle regole con i verbi della lista usando **il *si* impersonale**.

si accende	si fuma	si corre	si entra	si consumano
si vendono	si paga	si parla	si prenota	si usano

Benvenuti all'Albergo Luca! Ci troviamo sulla magnifica Costa Smeralda della Sardegna. Per garantire un ottimo soggiorno a tutti, vi preghiamo di rispettare le seguenti regole:

1. _____ solo nel giardino o sulla spiaggia. È proibito fumare in camera.

2. Non _____ al telefonino nelle sale pubbliche per non disturbare gli altri ospiti.

3. Non _____ nei corridoi, nei salotti pubblici o vicino alla piscina.

4. Non _____ gli asciugamani delle camere in piscina o sulla spiaggia.

(5.) _____ i teli da mare alla recezione.

6. _____ l'aria condizionata solo quando la temperatura arriva a 40 gradi.

7. Non _____ alcolici vicino alla piscina o sulla spiaggia.

8. Non _____ al ristorante senza giacca e cravatta.

9. Quando _____ la camera, (10.) _____ la prima notte in anticipo.

Accettiamo carte di credito.

Grazie e buona permanenza!

Lo staff dell' Albergo Luca

STRUTTURA 3

Pronomi doppi (*Double Pronouns*)

7-10. In giro per le Isole Eolie. Valentina e la sua amica Vanessa si scrivono delle mail. Completa i loro messaggi con **i pronomi** suggeriti.

lo (3x)	l'	mi (2x)	li (2x)	ti (2x)	gli	le

Da	vanessap@yahoo.email.it
A	valentinaballerina@yahoo.email.it
Oggetto	Si sta bene in vacanza?

Vale!

Veramente siete in giro per le isole? (1.) _____ mandi una cartolina? Che bel viaggio! Io purtroppo sono sempre qui a Palermo, con troppi esami da preparare! Ieri sono andata al cinema con Marco, (2.) _____ conosci? Quel ragazzo simpatico con la Vespa rossa. Dopo il film, siamo andati alla Pasticceria Cappello, a prendere dei cannoli, che buoni! (3.) _____ potrei mangiare ogni giorno! Adesso (4.) _____ saluto, perché devo andare in biblioteca a studiare per l'esame di matematica. (5.) _____ darò domani! Divertiti con Ruggero!

xo Vanessa

Da	vanessap@yahoo.email.it
A	valentinaballerina@yahoo.email.it
Oggetto	Si sta benissimo in vacanza!

Carissima!
Siamo a Lipari! (6.) _____ ho già spedito una bella cartolina da Stromboli! Non è ancora arrivata? (Forse (7.) _____ hai persa in biblioteca?) Faccio moltissime foto. (8.) _____ faccio ogni giorno perché c'è così tanto da vedere! Allora, hai visto Marco? Certo che (9.) _____ conosco! Puoi dir (10.) _____ "ciao" da parte nostra? Sono contenta di sapere che ti diverti un po' a Palermo e fai bene a mangiare i cannoli di Cappello, mangia (11.) _____ anche per me! In bocca al lupo con la matematica, studia bene! Hai il mio numero? Se vuoi, (12.) _____ puoi telefonare!

xo Valentina

7-11. La routine giornaliera. Ecco quello che gli amici fanno di giorno in giorno. Finisci ogni frase con **un pronome doppio**. Le parole sottolineate ti aiutano.

Esempio   Il controllore <u>mi</u> timbra il <u>biglietto</u>; *me lo* timbra in treno.

1. Noi scriviamo <u>il biglietto di auguri a voi</u>; _____ scriviamo dall'aliscafo.

2. Ruggero manda <u>la piantina di Palermo a Giulio e Roberto</u>; _____ manda dall'ufficio postale.

3. Ruggero fa <u>una foto a Valentina</u>; _____ fa davanti alla chiesa in piazza.

4. Certo che <u>ti</u> racconterò tutto <u>del mio nuovo lavoro</u>; _____ racconterò a cena domani.

5. Vanessa compra <u>i cannoli per Valentina e Ruggero</u>; _____ compra da Cappello.

6. Lui chiede <u>delle direzioni a noi</u>; _____ chiede perché non conosce bene la città.

7. Veramente <u>mi</u> prepari <u>la cassata</u>? Grazie! _____ prepari secondo la ricetta di tua nonna?

8. Ruggero lascia <u>una bella mancia al cameriere</u>; _____ lascia perché ha mangiato bene in quel ristorante!

7-12. Al ritorno a Palermo. Valentina e Ruggero devono tornare a Palermo e sono al porto, dove aspettano l'aliscafo. Inserisci **i pronomi doppi** per completare il loro dialogo.

Ruggero: Che caldo oggi, ti sei messa la crema solare? Non voglio che ti scotti con questo sole!

Valentina: Certo che (1.) _____ sono messa! E tu, hai dato la mancia al facchino, è stato molto gentile con noi.

Ruggero: Sì, sì. (2.) _____ ho data stamattina, quando siamo partiti dalla pensione.

Valentina: La cameriera! Ho dimenticato di restituirle il ferro da stiro (*iron*)! Come faccio adesso?

Ruggero: Non ti preoccupare, io (3.) _____ ho restituito stamattina.

Valentina: Grazie, hai pensato a tutto! Ma che cos'è questa confezione? Da dove vengono questi cioccolatini?

Ruggero: Leggi il biglietto—sono per noi! (4.) _____ ha regalati il bagnino dello stabilimento balneare!

Valentina: Che simpatico! Bisogna che gli scriviamo subito per ringraziarlo. Hai ancora quella cartolina di Panarea? Mandiamo (5.) _____ subito!

Ruggero: Sì, sì ma adesso ho fame! Ti va di prendere un gelato? Aspetta qui, (6.) _____ porto! Un cono al cioccolato, come al solito?

Valentina: No grazie, niente gelato! Veramente, ho sete. Vorrei un'aranciata. (7.) _____ prendi bella fredda dal bar?

Ruggero: Certo, ma non ho soldi, mi presti cinque euro per il gelato e la bibita? Io (8.) _____ restituisco quando siamo a Palermo, dove posso usare il bancomat!

7-13. Che confusione! Mentre Ruggero gira per Palermo, ascolta alcuni frammenti di conversazioni. Abbina le domande della colonna **A** con le risposte della colonna **B**.

A	B
___ 1. Perché non ti metti gli orecchini?	a. Certo, glielo faccio vedere subito.
___ 2. E se quel tuo amico ficcanaso (*busybody*) racconterà il tuo segreto ai tuoi genitori?	b. Lo zio di Alessia ce l'ha offerto! È buonissimo!
___ 3. Chi vi ha offerto un gelato alle 10.00 di mattina?	c. Me lo metto perché sto bene in questo colore e mi dà coraggio.
___ 4. Hai dato i nostri documenti al signore?	d. Sì papà, tu ce l'hai dato ieri sera! Partiamo col rapido delle 10.00.
___ 5. Ma sei pazza? Non ti puoi mettere quel vestito giallo a un colloquio di lavoro!	e. Non me li metto perché andiamo in piscina, e non voglio perderli.
___ 6. Vanessa e Valentina, vi ho dato l'orario dei treni o no?	f. Tesoro, te la passerei volentieri, ma non la trovo più!
___ 7. Signorina, mi faccia vedere il biglietto prima di salire in treno?	g. Glieli ho dati quando siamo arrivati.
___ 8. Amore, mi passi la chiave della macchina, dobbiamo partire.	h. Lo so, infatti, ho proprio paura che lui glielo dirà!

STRUTTURA 4

Aggettivi e pronomi dimostrativi (*Demonstrative adjectives and pronouns*)

7-14. Io ho dato gli esami, e tu? Vanessa scrive di nuovo a Valentina. Inserisci la forma corretta di *quello*.

Da	VanessaP@yahoo.email.it
A	Valentinaballerina@yahoo.email.it
Oggetto	Vagabonda! Sei tornata?

Ciao Valentina,

sei tornata dal tuo viaggio alle isole? Com'era (1.) _____ spiaggia famosa a

Lipari? Come si chiama? La spiaggia Bianca, no? Me la immagino bianca e perfetta,

con (2.) _____ mare blu che si vede in tutte (3.) _____ cartoline

tipiche! Alla fine, vi siete fermati in (4.) _____ agriturismo così accogliente

che abbiamo visto sulla guida?

Grazie della foto, ma chi sono tutti (5.) _____ individui che girano per la

spiaggia con le scarpe da tennis e i cappelli di paglia!? Saranno (6.) _____

turisti strani di cui mi parlavi l'altro ieri? Sono carini nella foto…

Cara, non vedo l'ora di vederti e sentire le tue storie! Perché non ci diamo

appuntamento per domani in (7.) _____ bella Pasticceria Cappello? Così

puoi assaggiare (8.) _____ mitici cannoli!

xo Vanessa

7-15. Disastro in stazione. Mentre Giulio e Roberto scendono dal treno a Roma, le valige cadono per terra! Adesso devono risistemare tutta la loro roba. Inserisci la forma corretta di **questo** o **quello**, seguendo i suggerimenti in inglese.

Giulio: Che catastrofe! Proviamo ad organizzarci un attimo: (1. *this*) _____ felpa è mia e (2. *that one*) _____ è tua, no?

Roberto: (3. *These*) _____ stivali sono tuoi; mi passi (4. *those ones*) _____?

Giulio: Certo! Guarda laggiù, non è tuo (5. *that*) _____ costume da bagno?

Roberto: Hai ragione, il costume è mio! Ma (6. *these*) _____ scarpe da tennis non sono mie, (7. *those*) _____ che hai in mano sono mie!

Giulio: Eccole! Che fine ha fatto la mia maglietta blu? Forse è proprio (8. *that one*) _____ che si trova sotto il tuo piede!

Roberto: (9. *This*) _____ gioco non è molto divertente! Prendi tutta la roba che puoi e cerchiamo un taxi, forse (10. *that*) _____ uscita ci porta al parcheggio!

7-16. Piccolo quiz. Vediamo cosa hai imparato. Completa le frasi con le parole o le espressioni dall'elenco.

barocco	bicicletta	Carlo Magno	Carnevale
chilometri	Grazia Deledda	seadas	sughero

1. In Italia le lunghe distanze (per esempio, tra diverse città o regioni) sono misurate in _____.

2. Ad agosto, la città di Acireale celebra _____.

3. Per fare cicloturismo bisogna sapere come andare in _____.

4. Le marionette, "I pupi siciliani," spesso fanno spettacoli che raccontano le storie di _____.

5. Il formaggio di pecora e il miele di castagno sono due importanti ingredienti delle _____.

6. Questo prodotto viene fatto in Sardegna ed è esportato in tutto il mondo: _____.

7. Questa scrittrice sarda ha vinto il premio Nobel per la letteratura nel 1926: _____.

8. Gli studenti di storia dell'arte vengono in Sicilia per vedere l'architettura dello stile _____.

IN PIAZZA PER PROMUOVERE LA SALUTE

VOCABOLARIO

Il corpo e la salute

8-1. Come si fa? Completa le frasi in maniera logica, usando il vocabolario delle parti del corpo e **l'articolo determinativo**. Segui l'esempio.

Esempio Si manda un SMS con *le dita*.

1. Si guarda un film con _____.

2. Si ascolta la musica con _____.

3. Si sente un buon odore con _____.

4. Si usa il dentifricio per lavare _____.

5. Si prende una penna con _____.

6. Si cammina con _____.

7. Si usa lo shampoo per lavare _____.

8. Ci si sdraia (*lie down*) al sole sulla _____.

8-2. In clinica. Aiuta i pazienti a descrivere i loro sintomi. Scegli la conclusione logica per ogni frase.

1. Ho giocato a tennis per molte ore, e mi fanno male (*le braccia / le orecchie*).

2. Ho mangiato troppo gelato, e mi fa male (*il naso / lo stomaco*).

3. Ho gridato ad alta voce per tutta la partita di calcio e mi fa male (*la gola / il naso*).

4. Ho guidato fino a Bolzano, per otto ore seduto in mezzo al traffico! Adesso mi fa male (*la schiena / la gola*).

5. Ho studiato per molte ore senza gli occhiali e mi fanno male (*gli occhi / le orecchie*).

6. Sono stata a un concerto di musica rock, hanno suonato ad altissimo volume! Mi fanno male (*gli occhi / le orecchie*).

7. Ho provato a fare aerobica e non sono in forma! Mi fanno male (*gli occhi / i muscoli*).

STRUTTURA 1

Imperativo (*Imperative*)

8-3. Trieste ti aspetta! Anna, una timida amica di Paola, ha vinto una borsa di studio per passare qualche mese a Trieste, facendo ricerca per la tesi sul poeta Umberto Saba. Siccome Paola ha sempre viaggiato, Anna le chiede dei suggerimenti. Abbina le preoccupazioni di Anna nella colonna **A** ai suggerimenti di Paola nella colonna **B**.

A	**B**
_____ 1. Ma non conosco nessuno!	a. Porta un libro con te! Leggi mentre mangi!
_____ 2. Non capisco come girare in città.	b. Prendi un treno e vieni a trovarmi sulle Dolomiti, passiamo due giorni insieme!
_____ 3. Che dici? Mi serve qualcosa per studiare in biblioteca?	c. Informati! Chiama e vedi se ti serve una tessera per entrare.
_____ 4. Ho paura di mangiare da sola in un ristorante.	d. Segui un corso di aerobica, vai in palestra, cammina per tutta la città!
_____ 5. Che faccio la sera? Sono sola!	e. Vai in Piazza Dell'Unità per un aperitivo! Vai al Museo Revoltello, dove ci sono programmi serali! Vai al teatro!
_____ 6. E il weekend? Dove vado?	
_____ 7. Che faccio con i miei soldi? Li lascio nell'appartamento?	f. Fai un corso di cucina, studia inglese! Vedrai che sicuramente incontrerai delle persone simpatiche.
_____ 8. Come faccio a tenermi in forma? Non voglio ingrassare.	g. Comprati una piantina della città!
	h. Apri un conto in una banca locale!

8-4. Chi lo dice? Abbina le frasi della colonna **A** alle persone della colonna **B**.

A

___ 1. Mi dica: cosa Le fa male? Mi faccia controllare la febbre!

___ 2. Si mette tre volte al giorno, però non dimentichi di lavarsi bene prima.

___ 3. Venga domani, porti dei vestiti comodi e così possiamo cominciare con gli attrezzi in palestra!

___ 4. Non bere tutto in fretta che ti viene mal di pancia! Calmati!

___ 5. Tolga le scarpe e si sieda qui. Mi chiami se ha bisogno di aiuto. Il dottore arriverà subito.

___ 6. Studiate bene il terzo capitolo e ripassate la storia di Friuli.

___ 7. Prendi un po' di zuppa, dai, mangia un secondo panino!

___ 8. Ti sta molto bene! Compralo e portalo domani alla festa!

B

a. Un professore parla a un gruppo di studenti.

b. Due amiche davanti allo specchio in un negozio di abbigliamento.

c. Un dottore esamina una paziente.

d. Un infermiere prepara una paziente per un esame medico.

e. Un amico rimprovera l'altro a tavola.

f. Una madre offre qualcosa da mangiare al figlio.

g. Una fisioterapista parla a un nuovo paziente.

h. Un farmacista spiega come si usa una pomata.

8-5. Comando io! Laura è con un gruppo di amici in Friuli. Loro vogliono rilassarsi allo spa Arte Terme, ma Laura vuole convincere tutti a fare un'escursione nei boschi in cerca di mirtilli e ribes (*currants*). Coniuga i verbi in parentesi **all'imperativo informale**.

1. Dai Paola, (venire) _____ con noi, vedrai che sarà divertente!

2. No Danilo, non (tornare) _____ a dormire! Dobbiamo partire subito!

3. Cecilia, ti prego! (cancellare) _____ il tuo massaggio! Lo puoi prenotare per domani!

4. Beppe, (portare) _____ un cestino, così possiamo portare i mirtilli a casa!

5. Giorgio! Non mi (dire) _____ che sei stanco! Hai dormito benissimo ieri notte!

6. Anna! (fare) _____ presto, così anche gli altri si preparano.

7. Alessia, (mettere) _____ questo cioccolato nel tuo zaino!

8. Luca, (lasciare) _____ quel videogioco, si parte! Andiamo!

8-6. Dall'informale al formale. Paola, al suo lavoro alle terme, sta aiutando un signore che vuole fare trekking sulle Dolomiti. Cambia tutti i verbi dalla forma *tu* alla forma *Lei*.

1. Non andare a letto senza prenotare l'escursione di domani!

   _____

2. Chiamami dalla camera se hai bisogno di qualsiasi cosa!

   _____

3. Porta un maglione pesante, il tempo può cambiare in montagna!

   _____

4. Non mangiare troppo a colazione!

   _____

5. Non dimenticare la macchina fotografica!

   _____

6. Lascia il telefonino in camera, non funziona in montagna!

   _____

7. Sii puntuale domani mattina, si parte alle 8.00 per il sentiero!

   _____

8. Abbi pazienza con l'acqua calda, a volte non arriva subito.

   _____

8-7. In farmacia. Danilo non si sente bene e va in farmacia. Completa il dialogo tra la farmacista e Danilo. Coniuga i verbi **all'imperativo formale**.

Farmacista: Ecco la Sua medicina. Per piacere, (1. venire) _____ con me, così La aiuto con le gocce!

Danilo: Ma io non ho capito. Dove vanno queste gocce?

Farmacista: La prego, (2. tenere) _____ la bottiglietta in mano e (3. accomodarsi) _____ qui.

Danilo: Signorina, (4. avere) _____ pazienza con me, dove vanno le gocce?

Farmacista: Vanno negli occhi, signore! È pronto? (5. guardare) _____ su, verso il soffitto e (6. aprire) _____ bene gli occhi!

Danilo: Per favore, non mi (7. fare) _____ male!

Farmacista: (8. aspettare) _____ ancora un secondo, signore, e abbiamo fatto! Bene, mi (9. dire) _____: sta meglio adesso?

Danilo: Sì, ma mi (10. spiegare) _____ perché devo mettere le gocce negli occhi se mi fanno male le orecchie!

8-8. All'ospedale. Nella sala d'attesa dell'ospedale ci sono molte persone che aspettano il loro turno con il medico. Con la lunga attesa, tutti diventano impazienti e le loro richieste diventano meno gentili e più esigenti (*demanding*). Metti le domande **nell'imperativo formale.**

Esempio Mi può dire che ore sono? *Mi dica l'ora!*

1. Può aprire la finestra? _____

2. Può passarmi la rivista? _____

3. Può chiudere la porta? _____

4. Può prestarmi la Sua penna? _____

5. Può passare la penna al signore? _____

6. Può indicarmi dov'è il bagno? _____

7. Può chiedere la chiave all'infermiere? _____

8. Mi può dare una mano qui? Ci è caduto un po' di caffè! _____

8-9. Che nostalgia! Beppe e Cecilia stanno cercando un piccolo ristorante che gli piace tanto. Completa il loro dialogo. Inserisci **un numero ordinale** per ogni numero tra parentesi.

Beppe: Ti ricordi la (1. **1**) _____ cena che abbiamo fatto lì?

Cecilia: Certo che mi ricordo! Ci siamo andati per il nostro (2. **4**) _____ anniversario. Pioveva tanto in quei giorni, era la (3. **3**) _____ volta quel mese che ci siamo rimasti bagnati fradici (*soaked to the skin*)!

Beppe: È vero! Subito dopo ho preso un brutto raffreddore, ti ricordi? Ero andato in clinica per le medicine, ed ero la (4. **10**) _____ persona che si è presentata con una brutta tosse quella stessa sera!

Cecilia: Ma dov'è questo ristorante? Fammi vedere le indicazioni: Al (5. **1**) _____ semaforo siamo andati a destra, poi alla (6. **3**) _____ edicola, siamo andati di nuovo a destra. Adesso dobbiamo passare due cinema, e al (7. **2**) _____ cinema bisogna andare a sinistra. Il ristorante dev'essere il (8. **5**) _____ portone dopo la chiesa.

Beppe: Brava! Eccolo! Ma guarda! Sul portone c'è un cartello, riesci a leggerlo?

Cecilia: O no! Dice "chiuso per ferie!"

STRUTTURA 2

Imperativo e pronomi (*Imperative and pronouns*)

8-10. Dove siete? Sara e Paolo, amici di Danilo, sono a Bolzano per incontrare Laura e Danilo. Non conoscono la città, così Sara vuole comprare una piantina ma Paolo insiste che sa trovare la strada da solo. Inserisci le espressioni **all'imperativo** nel testo.

aiutami	chiediglielo	compramela	dimmelo	incontriamoci
passamela	preoccuparti	seguimi	spiegamelo	telefonagli

(Squilla il telefonino di Sara; lei risponde.)

Sara (al telefono): Ciao Danilo! Come? Cosa? Con tutte queste macchine non ti sento, mi puoi ripetere il tuo numero telefonico? (1.) _____ adesso che le macchine sono passate.

Paolo: Sara, guarda che bella pasticceria! Oggi è il mio compleanno, e mi piace quella torta in vetrina: (2.) _____!

Sara: Paolo, non pensare alla torta! (3.) _____ a telefonare a Laura e Danilo, questo telefonino mi crea problemi!

Paolo: Eccoci a Piazza Walther! Voglio fare una bella foto! Tu hai la macchina fotografica? (4.) _____!

Sara (di nuovo al telefono): Pronto? Danilo? Ci sei? Sì, sì... ma, dov'è via dei Portici? Va bene (5.) _____ davanti alla Farmacia alla Madonna in via dei Portici! Paolo, vedi se quel signore sa dirci dov'è la via dei Portici, (6.) _____.

Paolo: Sara, non (7.) _____! So come andare! La via dei Portici è di qua, andiamo! (8.) _____! Giriamo qui, subito a destra, ancora a destra... e ci siamo! Aspetta, ma dove siamo? Via Crispi?

Sara: Bravo! Abbiamo completamente sbagliato strada! Adesso (9.) _____ tu per dirgli che siamo persi! Io vado a comprare una piantina!

Paolo (al telefono): Danilo, scusa, noi siamo in via Crispi, sai come arrivare da qui a via dei Portici? Bene! (10.) _____ così dico a Sara che non ci serve la piantina! Sara! Sara! Ascolta, non comprare nulla...

8-11. Fai pure! Mentre aspetta Sara e Paolo, Laura ascolta le conversazioni delle persone che passeggiano davanti alla farmacia. Ecco una lista di domande che Laura sente. Aggiungi una frase **all'imperativo** ad ogni domanda, usando **i pronomi,** per incoraggiare queste persone a fare diverse cose. Segui l'esempio.

Esempio Vuoi fare la foto?   _Falla!_

1. Mi comprate l'aspirina?   Dai, _____!

2. Devi assolutamente parlare di questo sintomo con il farmacista.   _____!

3. Che tosse! Compriamo lo sciroppo?   _____!

4. Ragazzi, noleggiate le bici?   Bell'idea! _____!

5. Mi porti le banane dal mercato in Piazza delle Erbe?   _____!

6. Andiamo allo Stadt Cafe in Piazza Walther?   _____!

VOCABOLARIO

Centri di benessere

8-12. Quanti errori! Tocca a Paola correggere la prima versione di un brochure per il centro di benessere Bencista dove lavora, ma la versione è un disastro! Aiutala ad inserire queste parole mancanti.

alimentazione	biologico	dimagrire	fisioterapisti	fumo
massaggio	movimento	nutrizionista	peso	respira
tenerti	rilassare	sani	stare	tranquillo

Benvenuti al Centro Benessere Bencista!

- Problemi muscolari? Fatti vedere da uno dei nostri (1.) _____ e trova subito un programma di fisioterapia che funziona per te!

- Offriamo anche un (2.) _____ shiatsu per il corpo, e invitiamo i clienti ad andare nella vasca jacuzzi per (3.) _____.

- Sei in sovrappeso? Vuoi (4.) _____ ma non riesci a (5.) _____ a dieta? Fissa un appuntamento con la (6.) _____ per imparare a seguire un' (7.) _____ corretta per perdere (8.) _____. In palestra impara quali esercizi puoi fare per (9.) _____ in forma.

- Vuoi smettere di fumare? Il (10.) _____ fa bene alla salute, il (11.) _____ fa male alla salute—qui si (12.) _____ solo l'aria pura, e ogni mattina alle 7.00, il momento più (13.) _____ del giorno, invitiamo tutti i clienti a fare una passeggiata all'aria fresca del mattino. Stare all'aria aperta in montagna è la ragione per cui siamo qui, vero?

- Hai fame? Da Bencista abbiamo dei piatti deliziosi fatti con alimenti (14.) _____, puoi fidarti: tutto quello che viene dalla nostra cucina è (15.) _____ e naturale.

STRUTTURA 3

Espressioni indefinite e negative (*Indefinite and negative expressions*)

8-13. *Di, da o per*? Inserisci **la preposizione** necessaria per completare ogni frase.

1. Vorrei qualcosa _____ dolce da mangiare, questa dieta è una tortura!

2. Non ho niente _____ leggere! Andiamo in libreria!

3. Signora, ecco qualcosa _____ pulire bene i vestiti, un ottimo prodotto! Desidera altro?

4. Mi serve qualcosa _____ mettermi quando faccio trekking in montagna.

5. Non mi dire che questa è l'unica cosa che hai _____ raccontare della tua gita in montagna!

6. Che ne so, non era niente _____ speciale!

7. Dai, vieni con noi alla Farmacia Alla Madonna, troverai qualcosa _____ interessante!

8. Passami quel manuale, ho bisogno di qualcosa _____ capire come funziona questa macchina fotografica!

8-14. Due esperienze alle terme! Maria, un'amica di Paola, passa qualche settimana alle terme per mettersi in forma e dimagrire. Scrive due mail dalle terme: la prima è per la mamma, la seconda è per Paola. Le due mail hanno delle parole mancanti. Scegliendo dall'elenco di parole, completa le mail.

alcuni	tutti	nessuno	niente	nulla
ogni	qualche	qualcuno	qualunque	tutti

Da	Maria@yahoo.email.it
A	Famigliaxo@yahoo.email.it
Oggetto	Sempre più sana!

Cara Mamma,

qui tutto bene! Sto mangiando solo alimenti sani, non tocco (1.) _____
di dolce! (2.) _____ giorno seguo una classe di aerobica o di yoga e
(3.) _____ volta nuoto in piscina. Stasera fanno un seminario su come
preparare alimenti biologici e (4.) _____ amici mi hanno invitato ad andare
con loro. Mamma, sono completamente cambiata, mi sento molto in forma, non mangio
più gelato e non bevo più tutti quei bicchieri di soda, solo acqua.

Adesso ti saluto, vado a letto presto perché domani c'è una lunga passeggiata in
campagna e devo essere preparata!
xo Maria

Da	Maria@yahoo.email.it
A	Paola@yahoo.email.it
Oggetto	Sempre più stressata

Paola!

aiutami! Queste settimane alle terme sono le settimane più lunghe della mia vita! Sto
cercando (5.) _____ via d'uscita possibile! Non c'è (6.) _____ di
bello da fare; offrono solo alimenti biologici; e non ho conosciuto (7.) _____
con cui posso mangiare delle carmelle di nascosto – i miei compagni sono
(8.) _____ etusiasti dello slogan di questo posto: «alimentazione sana, vita
sanissima»! Come faccio a spiegare a questa gente quanto soffro senza biscotti?
(9.) _____ i giorni faccio aerobica o frequento altri corsi di ginnastica,
mangio poco, vado a letto presto, insomma, mi metto in forma, ma che vita è questa?!
Devo trovare (10.) _____ che abbia voglia di saltare la lezione di yoga,
insieme possiamo andare in paese per prendere un bel gelato! Mandami dei
cioccolatini!
Con affetto, Maria

STRUTTURA 4

Il progressivo (*Progressive tense*)

8-15. Cosa stanno facendo? Arrivi in Piazza dell'Unità d'Italia a Trieste, la più grande piazza di Italia, e ti siedi a guardare intorno. Ecco quello che vedi. Abbina la frase all'illustrazione.

a. Gli studenti stanno camminando sotto la pioggia—bagnati ma allegri.

b. Il giovane professore sulla panchina sta pensando alle sue lezioni.

c. L'uomo sta leggendo il suo romanzo preferito, per la terza volta.

d. Prima di andare in ufficio, la signorina sta portando il cagnolino in giro per la piazza.

e. I motociclisti stanno facendo un sacco di rumore con le loro motociclette.

f. Gianni sta discutendo la filosofia morale con il suo professore.

g. Gli amici stanno godendo il concerto in piazza.

h. La ragazza si sta allenando per una gara di sci.

1.

_____

3.

_____

5.

_____

7.

_____

2.

_____

4.

_____

6.

_____

8.

_____

8-16. Quante scuse! Allo spa Arte Terme per il weekend, Danilo è l'unico che si è presentato per l'escursione in montagna alle 5 di mattina! Ovviamente, hanno cancellato l'escursione per mancanza di partecipazione. Coniuga i verbi al **passato progressivo** per spiegare cosa stavano facendo tutti gli altri.

1. Laura (farsi) _____ la doccia e tutto ad un tratto è mancata l'acqua calda.

2. Paolo e Sara (pulire) _____ gli scarponi e avevano dimenticato l'appuntamento.

3. Noi (dormire) _____ e non abbiamo sentito la sveglia.

4. Voi due (cercare) _____ dei pantaloncini puliti, ma siccome tutti i vestiti erano sporchi, siete tornati a dormire.

5. Cecilia (aspettare) _____ una telefonata urgente dalla mamma e non poteva lasciare la sua camera.

6. Io (scrivere) _____ un SMS a te per spiegarti che preferivo passare la giornata in piscina!

8-17. Piccolo quiz. Vediamo cosa hai imparato. Completa le frasi con le parole o le espressioni dall'elenco.

1. Nel 2009, L'UNESCO ha dichiarato le Dolomiti

   a. Patrimonio della regione di Trento.   b. Patrimonio dell'Umanità.

2. Se hai bisogno di un dottore immediatamente, vai

   a. alla farmacia di turno.   b. al pronto soccorso.

3 Ogni italiano ha l'assicurazione grazie al sistema sanitario, ognuno ha la

   a. patente.   b. tessera sanitaria.

4. Quando un dottore dice "Dica 33!" a un adulto, o "Di 33" a un bambino, lui vuole controllare

   a. i polmoni ed il respiro.   b. la digestione e lo stomaco.

5. Una "visita a domicilio" significa che

   a. il dottore ti visita a casa tua.   b. il dottore ti visita in clinica.

6. Il tuo peso in Italia viene misurato in

   a. libbre.   b. chili.

7. La manifestazione," La qualità in piazza" ha luogo in tutte le regioni d'Italia—le manifestazioni si dedicano alla

   a. cucina biologica e come tenersi in forma.   b. alle specialità della cucina friulana.

8. Come si chiama un negozio che vende piante medicinali e aromatiche?

   a. le terme   b. l'erboristeria

CAPITOLO 9

IN PIAZZA PER UN AMBIENTE SANO

VOCABOLARIO

L'ambiente

9-1. Dove lo metto? La raccolta differenziata. Un gruppo di amici ambientalisti arriva in piazza con molte cose (già lavate e preparate) da riciclare. Mostragli i diversi contenitori e scrivi dove devono mettere i rifiuti.

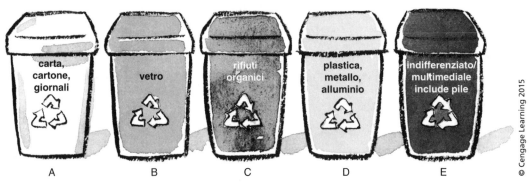

A — carta, cartone, giornali
B — vetro
C — rifiuti organici
D — plastica, metallo, alluminio
E — indifferenziato/multimediale include pile

© Cengage Learning 2015

_____ 1. un cartone di detersivo (*detergent*)

_____ 2. il giornale di ieri

_____ 3. le pile del lettore mp3

_____ 4. l'olio del motore della macchina

_____ 5. delle bottiglie di vino e birra

_____ 6. un quaderno

_____ 7. una bottiglia di sciroppo scaduto (*expired*)

_____ 8. le lettere d'amore di un ex-fidanzato

_____ 9. i fiori appassiti (*withered*)

_____ 10. i fondi di caffè (*grounds*)

_____ 11. un contenitore di plastica

_____ 12. le foglie di tè

_____ 13. alluminio: usato per portare i pasti del ristorante a casa

_____ 14. una confezione in plastica di acqua frizzante

_____ 15. un bicchiere elegante da vino, ma rotto

_____ 16. gli scarti (*scraps*) di frutta e verdura

9-2. Proteggiamo l'ambiente. Completa le seguenti frasi con una delle scelte date.

1. Un esempio di inquinamento atmosferico sono _____.

   a. i rumori delle macchine   b. le emissioni di gas delle macchine

2. Le strade sono sporche perché _____.

   a. la gente butta i rifiuti a terra   b. la gente toglie i rifiuti dalla terra

3. Il buco nell'ozono significa che adesso _____.

   a. il sole può fare più danno alla pelle   b. il sole può fare meno danno alla pelle

4. Quali di queste due cose aiuta la natura e le foreste? _____

   a. l'incendio   b. la conservazione

5. Il disboscamento significa che eventualmente ci saranno _____.

   a. meno alberi nella foresta   b. più alberi nella foresta

9-3. Facciamo un po' di pubblicità? Regina vuole creare dei poster per motivare gli amici alla difesa dell'ambiente. Per cominciare, Regina deve organizzare i suoi pensieri. Dall'elenco di parole, separa le azioni positive, o le cose che sono positive per l'ambiente, dalle azioni negative, o le cose che creano problemi per l'ambiente.

difendere l'ambiente	i prodotti naturali	i prodotti sintetici	i rifiuti tossici
il disboscamento	l'area protetta	l'energia alternativa	l'energia nucleare
l'immondizia	l'inquinamento	le risorse naturali	riciclare
buttare via	disperdere	proteggere	distruggere
sensibilizzare	la conservazione		

Azioni e cose negative	Azioni e cose positive

STRUTTURA 1

Condizionale semplice (*Simple conditional*)

9-4. In giro per la Calabria. Tommaso e Regina prendono un caffè al Bar Malavenda in Piazza Duomo a Reggio Calabria. Metti i verbi tra parentesi **al condizionale presente** per completare la conversazione.

Regina: Mi (1. tu / aiutare) _____ a tradurre questa rivista di World Wildlife? È in inglese e non (2. io / essere) _____ mai capace di leggerlo!

Tommaso: Marco lo (3. leggere) _____ molto meglio di me, lui studia inglese da anni. (4. noi / potere) _____ invitarlo a prendere un caffè con noi.

Regina: Non voglio aspettare Marco! Voglio leggerla adesso! Sto cercando di capire quest'articolo su come fare il compostaggio (*compost*) se abiti in un appartamento. Vedi, io e la mia amica (5. volere) _____ organizzare il compostaggio degli avanzi di frutta e verdura!

La signora accanto: Scusate ragazzi, ma se ho capito bene, (6. voi / cercare) _____ qualcuno in grado di tradurre l'inglese? (7. potere) _____ dare un'occhiata io all'articolo, se volete.

Tommaso: Grazie, Signora! Eccola. Ci (8. spiegare) _____ i punti importanti dell'articolo?

Signora: Ma certo… un attimo solo, che non trovo più i miei occhiali!

Cameriere: Signora, questi (9. essere) _____ i Suoi occhiali? Li ho trovati sotto il tavolino.

Signora: Mille grazie. Allora, vediamo. Nell'articolo dicono che per il compostaggio sul balcone anche un bidone (10. funzionare) _____, basta tenerlo coperto. (11. voi / avere) _____ abbastanza spazio sul balcone di casa vostra, ragazzi?

Regina: (12. io / dire) _____ di sì. Tommaso che ne (13. dire) _____?

Cameriere: Scusate, ragazzi, cosa (14. voi / prendere) _____ ?

Tommaso: Oh, mi scusi! Ci (15. portare) _____ due caffè, per favore? E Signora, cosa (16. prendere) _____ Lei? (17. noi / desiderare) _____ offrirLe almeno un caffè per ringraziarLa!

Signora: Ho già preso un caffè, grazie, e veramente mi diverto a leggere un po' di inglese. Ma ragazzi, (18. voi / fare) _____ bene a studiare una lingua straniera all'università!

Regina: Va bene, ma prima (19. io / preferire) _____ imparare a fare il compostaggio!

9-5. Diverse possibilità. Diverse persone vorrebbero fare diverse cose. Abbina l'azione alla persona e coniuga il verbo **al condizionale semplice.**

accompagnare	andare	dispiacere	dovere	fare
imparare	volere	dare	prendere	visitare

1. Io amo la spiaggia e il mare, _____ il sole tutto il giorno a Tropea!

2. Il professor Martellotto è interessato alle statue, i Bronzi di Riace, e _____ volentieri il museo.

3. Siccome Regina non ha la macchina, la _____ tu alla manifestazione per l'ambiente?

4. Alla manifestazione, tu e Regina _____ a cucinare con solo i prodotti locali.

5. Io e Marco _____ decidere: quale parco nazionale visiteremo quest'anno?

6. In quel corso sulle energie alternative, gli studenti _____ ricerca anche sull'energia nucleare.

7. Signora, le _____ mettere questi contenitori davanti al bar? Servono per il riciclaggio, grazie.

8. Io _____ volentieri a Catanzaro con te questo weekend, ma non ho soldi per il biglietto!

9. Il supermercato ti _____ 50 centesimi per ogni bottiglia che tu ricicli nella macchina che si trova all'entrata.

10. Noi _____ fare una gita a Potenza domani per conoscere meglio la Basilicata. Vorresti venire con noi?

9-6. Dare consigli. Paola ha sempre un consiglio pronto, ma a volte i suoi consogli non piacciono perché lei parla francamente. Aiutala ad essere più gentile usando **potere** o **dovere** al **condizionale**. Segui l'esempio.

Esempio   Devi lasciare quel ragazzo! Puoi cercarne uno più simpatico!

Dovresti lasciare quel ragazzo, potresti cercarne uno più simpatico!

1. Non devi mangiare tutti quei biscotti! Puoi prendere un po' di frutta!

_____

2. Dovete studiare di più, ragazzi! Potete fare gli esercizi alla fine del capitolo!

_____

3. Signora, non deve camminare con questo caldo! Può prendere l'autobus, è molto più comodo.

_____

4. Non devi sprecare quelle bottiglie, puoi metterle nel contenitore per il plastico!

_____

5. Prima devi mettere la crema, e dopo puoi mettere il trucco!

_____

6. Noi siamo in ritardo, dobbiamo andare direttamente a casa! Così possiamo pulire prima dell'ora di pranzo!

_____

STRUTTURA 2

Condizionale passato (*Past conditional*)

9-7. Opportunità mancata. Metti i verbi tra parentesi **al condizionale passato** per spiegare perché queste persone hanno perso diverse opportunità.

Esempio   L'anno scorso io (andare) *sarei andata* in Sardegna, ma costava troppo.

1. Tommaso e Regina (andare) _____ volentieri al mare ieri, ma pioveva!

2. Io (riciclare) _____ la mia lattina di soda, ma non c'era un contenitore in piazza!

3. Tu (uscire) _____ con quell'amico di Gianni? Mi sembrava un ragazzo così solitario e triste, non volevo dargli il tuo numero!

4. Io e Regina (arrivare) _____ prima, ma non abbiamo più la macchina! Abbiamo deciso di usare solo i mezzi pubblici.

5. Quando siamo andati a lavare le panchine al parco per cancellare i graffiti, loro (aiutare) _____ di più, ma erano preoccupati a causa degli esami finali, e sono andati via dopo un'ora.

6. Solo adesso mi dite che (dovere) _____ scrivere il tema sull'ambiente ieri sera? Dovevate consegnarlo (*hand it in*) per oggi? La prossima volta niente cinema se ci sono compiti!

7. Marco e Tommaso non sapevano che Regina aveva bisogno del loro aiuto con il compostaggio, altrimenti loro le (dare) _____ una mano!

8. Il signore (ordinare) _____ volentieri la bistecca, ma ha paura di non avere abbastanza soldi per un piatto così elegante!

9. Tu non (dire) _____ nulla al professore quando l'hai visto, perché non erano affari suoi.

10. Al nonno (piacere) _____ un bicchiere di vino, ma i camerieri continuavano ad offrirgli un succo di frutta organico!

9-8. In quale "condizione" ci troviamo? Leggi attentamente le seguenti frasi e metti il verbo **al condizionale presente** o **al condizionale passato**, secondo il caso.

1. Che peccato che tu e Marco non siate venuti alla presentazione sull'energia alternativa, (divertirsi) _____ di sicuro!

2. Elena, ti (piacere) _____ venire con noi a Catanzaro a vedere il Parco della Biodiversità? Vogliamo visitare il giardino botanico.

3. Ma non (dovere) _____ bere tutto quel caffè stamattina! Come farai a dormire questa notte?

4. Allora, loro (essere) _____ gli amici ambientalisti di Regina? Quelli che sanno fare il compostaggio?

5. Io e te (dormire) _____ in una tenda in quel posto! Meno male che non ci siamo andati con lui.

6. La signora (potere) _____ seguire un corso di yoga o un corso di pilates, abbiamo tutti e due qui al Circolo Diana.

7. Marco, mi (fare) _____ vedere i tuoi appunti? Non trovo più i dettagli della Festa dell'Albero.

8. Amore, cosa (noi / potere) _____ fare stasera? Andare al cinema? A Teatro? Decidi tu!

VOCABOLARIO

La fauna e la flora

9-9. Parliamo degli animali. L'amica che non parla bene italiano ha chiesto a Regina di insegnarle il vocabolario degli animali. Indovina a quali animali riferiscono le seguenti frasi.

pesce	leone	volpe	uccello	mulo	cane	tartaruga	gatto

1. Quest'animale è un simbolo di coraggio: _____.

2. Quest'animale è un simbolo di intelligenza: _____.

3. Se mangi pochissimo, mangi come un _____.

4. Quando non vuoi ascoltare le ragioni o i consigli degli altri, dicono che sei come un _____.

5. Quando ti senti abbandonato, senza amici, dicono che sei solo come un _____.

6. Se ti piace il mare e nuoti spesso, sei come un _____.

7. Se non ti sbrighi mai e arrivi sempre in ritardo, sei come una _____.

8. Se una versione nera di questo animale ti taglia la strada, porta sfortuna! _____

9-10. Indovinelli. Nel pullman che porta un gruppo scolastico al parco nazionale, la maestra inventa un gioco in cui lei descrive una cosa che si può trovare nel parco –un animale, un tipo di albero, ecc—e i bambini devono indovinare che cos'è. Ecco la lista di possibilità.

sud	nord	un cavallo	una mucca
un albero	al lupo	est	un fiume
una pecora nera	un leone	un gatto	ovest
una tartaruga			

1. Sono diversa di tutti in famiglia. Io non sono sportiva e loro sono atleti; io leggerei tutto il giorno e loro non aprirebbero mai un libro. Sono _____.

2. Cresco nel bosco, e all'inizio di dicembre mi prendono e mi vendono. La gente mi copre di palline colorate e mettono dei regali ai miei "piedi," sono _____.

3. Sono forte, almeno così dicono, ma alla fine sono solo un gatto stragrande che viene considerato il re della giungla. Sono _____.

4. Sono molto dolce, con degli occhi grandi e buoni. Mangio solo l'erba e produco latte.

   Sono _____.

5. Vivo per molti anni, forse perché porto la mia casa sulla schiena! Sono lento, ma alla fine ci arrivo sempre. Una volta, addirittura, c'era una gara famosa e l'ho vinta io! Sono

   _____.

6. Faccio parte della storia romana perchè ho fatto da mamma ai famosi bambini destinati a fondare la magnifica città di Roma - Romolo e Remo. Mi usano per dire "buona fortuna" quando dicono "in bocca _____."

7. Ci sono quattro di noi, e ci puoi trovare su qualsiasi mappa. Aiutiamo la gente a cercare la strada giusta, e a capire come si arriva da un posto a un altro: Siamo _____,

   _____, _____, _____.

8. Da sempre le persone mi hanno addomesticato: infatti, prima delle macchine servivo per portare le persone dappertutto. Il cowboy conta ancora su di me come mezzo di trasporto, e altre persone mi usano per fare l'equitazione. Sono _____.

9. Sono fatto di acqua, e non mi fermo mai. Molti pesci vivono dentro di me, e la mia acqua non è salata. Sono _____.

10. In Italia, dicono che ho sette vite, dicono che sono il nemico del cane, ma io non ci credo. Sono simpatico e mi piace sedermi con le persone e farmi accarezzare. Sono

    _____.

STRUTTURA 3

Pronomi tonici (*Stressed pronouns*)

9-11. Parli a me? Pronomi tonici. Cambia **il pronome indiretto** o **diretto atono** con **un pronome tonico.** Segui il l'esempio.

> **Esempio** Pronto, Signora Rossi, perché Lei <u>mi</u> telefona a quest'ora?
>
> Perché Lei telefona *a me*?

me	te	lei	lui	noi	voi	sè	loro

1. Io <u>vi</u> scrivo una lettera, io scrivo a _____.

2. <u>Gli</u> telefona la mamma, la mamma telefona a _____.

3. Non <u>li</u> vuoi accompagnare? Va bene, vado io con _____.

4. Maria, <u>ti</u> parlo di una cosa seria! Parlo a _____!

5. Chi <u>ci</u> offre un gelato? Chi offre un gelato a _____, abbiamo fame!

STRUTTURA 4

Comparativi (*Comparatives*)

9-12. A. Siamo tutti uguali o no? Crea delle frasi per dimostrare che le seguenti cose sono simili. Segui l'esempio.

Esempio il formaggio e il latte (fresco): *Il formaggio è tanto fresco quanto il latte.*

1. il parco nazionale del Pollino e il parco nazionale della Sila (bello):

   _____

2. riciclare e conservare (importante):

   _____

3. avere un gatto e avere un cane (divertente):

   _____

B. **Ma non sono sempre simili!** Regina spiega a Tommaso alcune differenze. Usa *più / meno... di* per fare dei paragoni (il simbolo + o - vi aiuta).

4. Io sono_____ brava _____ te perché riciclo tutto, mentre tu sei pigro, perché certe cose le butti via! (+)

5. Ovviamente Reggio è (-) _____ sporca _____ Roma.

C. **Anche Tommaso nota certe differenze.** Usa *più / meno... che* per fare dei paragoni (il simbolo + o - vi aiuta).

6. Sono d'accordo, buttare via i rifiuti è _____ utile _____ riciclarli. (-)

7. Ma io preferisco _____ girare in bicicletta _____ frequentare manifestazioni! (+)

8. Alla fine, preferisco pensare _____ a come potrei divertirmi in un posto _____ pensare a come potrei difendere l'ambiente del luogo. (+)

9. Allora, cercherò di essere _____ egoista _____ ambientalista! (-)

9-13. Consideriamo tutte le differenze! Completa le frasi con *di* o *che*.

1. La carta è più facile _____ difficile da riciclare, perché ci sono contenitori dappertutto!

2. Tu sei più responsabile _____ me: bevi solo le bibite in bottiglie di vetro.

3. Gli amici di Nicolò sono meno preoccupati _____ lui per l'ambiente.

4. Quella quercia è l'albero più alto _____ tutta la foresta.

5. A me piacerebbe più vedere i Sassi di notte _____ di giorno, sarebbe un'avventura!

6. Oggi i giovani scrivono più mail _____ lettere formali, e non sanno neanche scrivere una lettera formale!

7. Ci sono meno fiori _____ funghi in questo bosco!

8. Per me, la spiaggia è meno interessante _____ montagna, perché preferisco fare trekking.

9. Ma per lui è meglio nuotare _____ camminare!

10. Questo sentiero è meno facile _____ quello che abbiamo seguito ieri.

9-14. Cosa intendi? L'amica di Regina vuole essere sicura di aver capito bene il discorso. Completa le sue domande con **il comparativo adatto**.

maggiore	minore	peggiore	migliore	meglio	peggio	male	bene

1. Quando dici che sei la figlia più grande della famiglia, vuole dire che sei la _____, vero?

2. Invece il tuo fratellino, lui sarebbe il _____, no?

3. Vorrei parlare _____ di come parlo adesso!

4. Sono quasi la _____ studentessa del corso d'italiano!

5. Dovresti sentire come parla bene questa studentessa Francoise di Parigi! Di sicuro lei è la _____ studentessa della classe!

6. Ma c'è anche un ragazzo che parla _____ di me! Poverino, è disperato perché non capisce nulla!

7. Veramente, sono sempre nervosa quando faccio le presentazioni orali in classe—mi sento _____, ho paura di sentirmi male!

8. Poi alla fine delle mie presentazioni, tutti mi fanno i complimenti! Ovviamente riesco a parlare _____ davanti alla classe! Non dovrei essere così nervosa ogni volta.

9-15. Piccolo quiz. Cosa ti ricordi di queste regioni? Indica l'itinerario più logico per queste persone.

I viaggiatori	Gli itinerari
____ 1. la signora che in occasione della Festa della Donna vorrebbe fare un gesto insolito.	a. Passerebbe un weekend a Matera.
	b. Farebbe un'escursione nel parco nazionale del Pollino.
____ 2. Lo chef che è a Spilinga in cerca d'ispirazione.	c. Andrebbe a Reggio Calabria e farebbe una donazione del sangue per partecipare nella tradizione "Goccia Rosa".
____ 3. Un ricco giovane appassionato di sole, scuba e spiaggia.	
____ 4. Una studentessa di cucina che passa una settimana a Tropea.	d. Assaggerebbe tutte le specialità locali alla *Sagra della cipolla rossa*.
____ 5. Un fotografo che prepara una collezione di foto delle città più antiche d'Italia.	e. Ammirerebbe le due statue antichissime, i Bronzi di Riace, al Museo Nazionale Reggio Calabria.
____ 6. Un naturalista con lo zaino e la tenda.	f. Troverebbe nuove sfide sportive al Maratea Outdoor Festival.
____ 7. Un archeologo in cerca di arte e sculture antiche.	g. Dopo la *Sagra dell'nduja*, tornerebbe in cucina con nuove idee.
____ 8. Un atleta in cerca di uno sport nuovo, tipo il windsurf o le immersioni subacquee.	h. Si divertirebbe sia di notte sia di giorno a Marina di Maratea.

CAPITOLO 10

MODA E TECNOLOGIA S'INCONTRANO IN PIAZZA

VOCABOLARIO

La tecnologia e la moda

10-1. Andiamo alla sfilata! Serena ha l'opportunità di andare alla sfilata di moda in Piazza Duomo a Milano. Gianni le presta il suo tablet per il giorno, affinché Serena possa scrivere dell'esperienza sul suo blog. Aiutala ad organizzare i suoi pensieri. Abbina le espressioni alle categorie appropriate.

> a: **persone**
>
> b: **attività per il computer / informatica (verbi / azioni)**
>
> c: **attività per la sfilata (verbi)**
>
> d: **vocabolario della moda (nomi)**
>
> e: **vocabolario del computer / informatica (nomi)**

1. il design _____
2. lo/la stilista _____
3. la rete _____
4. trasmettere _____
5. la chiavetta _____
6. l'applicazione _____
7. il tessuto _____
8. il fotografo _____
9. il marchio / la firma _____
10. collegare _____
11. cliccare _____
12. cercare _____
13. bloccarsi _____
14. navigare _____
15. la passerella _____
16. inviare _____
17. il tecnico _____
18. il sito Web _____

10-2. Serena si prepara ancora. Serena inizia a scrivere sul suo blog. Per ogni frase, scegli la parola che meglio la completa.

> ## Da Milano—la capitale della moda italiana
>
> ## Ciao a tutti!
>
> ecco la lista dei nomi di tutti (1. gli stilisti / i tasti) che presenteranno i loro nuovi
> (2. documenti / capi) alla sfilata di stasera a Milano. Sono arrivata in Piazza Duomo in anticipo
> per osservare i preparativi e grazie all' (3. applicazione / abuso) che ho (4. spento / installato)
> ieri, adesso posso (5. postare / navigare) le mie foto e le mie descrizioni qui sul blog! In questo
> momento sono davanti al Duomo, dove stanno preparando la (6. passerella / tastiera) di stasera.
> Vedo molti (7. schermi / destinatari) in zona, che permetteranno a tutti di vedere la (8. sfilata /
> tessera) anche se non saranno seduti in prima fila!
>
> (9. Le modelle / Le chiavette) non sono ancora arrivate, ma (10. i marchi / i tecnici) sono
> già sudati (*sweaty*) per il lavoro che stanno facendo. Vado a (11. scannerizzare / cliccare) le foto
> ufficiali, così potrete (12. riparare / scaricare) gli ultimi modelli. Non dimenticate di connettervi
> stasera dopo la sfilata quando (13. chatteremo / limiteremo) grazie alla tecnologia (14. interattiva
> / pericolosa)! È incredibile quante esperienze possiamo fare grazie alla (15. tessera / rete).
>
> Baci, a presto, Serena

STRUTTURA 1

Il presente congiuntivo (*Present subjunctive*)

10-3. Programmi per un weekend a Portofino. Gianni prepara i suoi programmi per il weekend. Metti i verbi **al congiuntivo presente** per completare il paragrafo.

Ho paura che domani tutti (1. partire) _____ per Portofino e dubito che Serena

(2. partire) _____ con noi perché deve rimanere alla sfilata in Piazza Duomo fino a

domenica sera. Va bene, rimango io a fare compagnia a Serena! Ma, credo che solo i giornalisti

(3. entrare) _____ alla sfilata ed io non ho la tessera! Immagino che loro non mi

(4. lasciare) _____ entrare solo perché sono l'amico di Serena! Posso partire con gli

altri per Portofino, però mi dispiace che Serena (5. restare) _____ da sola a Milano!

Preferisco che lei (6. passare) _____ il weekend con noi! Forse chiedo agli altri di

andarci la prossima settimana invece di domani. Penso che quel bar all'angolo (7. offrire)

_____ la connessione Wi-Fi. Che fortuna! Adesso mando a tutti un messaggio: "Ciao a

tutti! Bisogna che noi (8. aspettare) _____ ancora una settimana prima di partire per

Portofino, così Serena potrà venire con noi. Va bene? Partiremo tutti insieme venerdì prossimo!"

10-4. Alla fine ho ancora dei dubbi! Il capo di Alice, un simpatico signore di 60 anni, si trova a una conferenza intitolata *Giovani e il mondo dell'Internet*. Metti i verbi **al congiuntivo presente** per esprimere la sua reazione a quello che dice la relatrice (*lecturer*).

1. Oggi i bambini imparano a digitare sulla tastiera anche alla scuola elementare.

   Sono contento che i bambini (imparare) _____ *a digitare sulla tastiera da piccoli!*

2. In Italia, tu trovi almeno un computer in ogni casa.

   Non credo che tu (trovare) _____ *almeno un computer in ogni casa!*

3. Lo studente liceale (*high school student*) di oggi preferisce mandare SMS piuttosto che parlare al telefono.

   Sembra che il tipico studente liceale (preferire) _____ *comunicare solo con messaggi scritti!*

4. I giovani di oggi mettono delle foto su *Facebook* ogni giorno dove tutti possono vederle!

   Non mi piace che i giovani (mettere) _____ *le loro foto personali su Facebook!*

5. I giovani devono proteggersi di più, la rete non è un posto sicuro.

   Sì! È molto importante che loro (proteggersi) _____ *di più!*

6. I genitori devono parlare dei rischi dal mondo virtuale con i figli.

   Non credo che i genitori (parlare) _____ *spesso di questi rischi in famiglia!*

7. I ragazzi scaricano quello che vogliono dall'internet, senza parlarne con i loro genitori.

   Immagino che i ragazzi (scaricare) _____ *di tutto senza parlarne con i genitori!*

8. È chiaro! I genitori devono controllare l'accesso all'Internet. I giovani non devono navigare in modo irresponsabile.

   Dubito che noi (capire) _____ *tutti i rischi del mondo virtuale! Siamo di un'altra epoca!*

10-5. Cosa facciamo a Brescia? Serena, Gianni e Alice si scambiano commenti su *Facebook*. Scegli il verbo che meglio completa la frase.

1. *Alice a Serena*: Ho appena saputo che (*venite / veniate*) a Brescia quando sono fuori città per lavoro!

2. *Serena ad Alice*: Carissima, so che tu (*sei / sia*) sempre in giro per l'Italia!

3. *Gianni ad Alice*: Ma dai! Possibile che non ti troviamo mai a casa? Credo che tu non (*abbia / hai*) voglia di vederci!

4. *Alice a Serena e Gianni*: Ragazzi, bisogna che voi (*avete / abbiate*) pazienza con me! Se non lavoro, dove trovo i soldi per le vacanze?

5. *Serena ad Alice:* Macché pazienza! Non ti vedo da così tanto che ho quasi paura (*di non ricordare, che non ricordi*) più che faccia hai! Scherzi a parte, è possibile vederti? Penso che tu (*possa / puoi*) tornare in città durante i weekend, vero?

6. *Alice a Gianni e Serena:* Purtroppo no, sono molto impegnata! Che volete fare a Brescia? Immagino che non vi (*piaccia / piace*) l'idea di passare tutto il tempo libero a visitare i musei...

7. *Gianni ad Alice:* Niente musei per me! Io vengo a Brescia per la Mille Miglia—la corsa automobilistica! Ma temo che a te non (*interessino / interessano*) le macchine, vero?

8. *Alice a Gianni:* No mio caro, ti sbagli! Adoro le macchine! Sono contenta che (*possiate / potete*) vedere la partenza delle auto in gara! Il giorno della partenza, ovunque uno (*vada / va*) a Brescia, trova le macchine esposte, ma credo che Piazza della Loggia (*sia / è*) il posto migliore per vederle. Ma cercate di essere in Viale Venezia per le 18.00 perché sono sicura che le macchine (*partano / partono*) al tramonto (*sunset*).

9. *Gianni ad Alice e Serena*: Alice, mille grazie di tutte le informazioni, mi sembra che la gara (*possa / può*) essere interessante anche per Serena!

10. *Serena a Gianni e Alice:* Alice, voglio che tu ci (*lasci / lascia*) il binocolo, così potremo seguire le macchine anche da lontano!

11. *Alice a Gianni e Serena:* Vi lascio binocolo, piantina e guida di Brescia! Desidero che (*vi divertiate / vi divertite*) nella mia città!

STRUTTURA 2

Espressioni che richiedono il congiuntivo (*Expressions that require the subjunctive*)

10-6. Serena riceve una lettera dalla mamma. Indica l'espressione che meglio completa ogni frase.

> Carissima Serena,
>
> (1. sebbene / affinché) tu sia l'esperta di moda in famiglia, io ho deciso di cambiare il mio "look" da sola! Ho comprato dei vestiti nuovi (2. affinché / comunque) la gente capisca che non sono vecchia e trasandata (*shabby*). Adesso credo che (3. chiunque / ovunque) mi veda, penserà che sono tua sorella, non la tua mamma! (4. Sebbene / Bisogna che) tu veda le foto che ho messo su *Facebook*, non mi riconoscerai!
> (5. Si dice che / A condizione che) noi mamme non sappiamo vestirci, ma non è vero. Vogliamo essere alla moda, (6. senza che / basta che) gli stilisti disegnino per le signore di una certa età! (7. Prima che / Ovunque) tu mi critichi per come mi vesto, vai a vedere le foto, (8. anche se / a patto che) non diventi troppo gelosa di me!
>
> Con affetto, la tua "nuova" mamma!

10-7. Come presentiamo la situazione? Serena e Alice parlano di varie cose. Abbina l'inizio delle frasi della colonna **A** con le conclusioni della colonna **B**.

A

___ 1. Va bene, vengo anch'io alla festa a condizione che

___ 2. È necessario che

___ 3. Mi dispiace che

___ 4. Non mi sembra che

___ 5. Ovunque

___ 6. Prima che

___ 7. Sebbene

___ 8. Sono contenta che

B

a. tu possa indossare quel vestito, dovresti perdere cinque chili!

b. Gianni stia male e non venga al cinema stasera!

c. noi ceniamo in questi giorni i ristoranti sono pieni di turisti.

d. mi invitino a casa loro al mare, adoro la spiaggia!

e. quel ristorante abbia la bistecca, vedi? Il menù dice "specialità vegetariane"!

f. il mio fidanzato non parli molto bene italiano, ci capiamo!

g. studiate molto per l'esame, lui è un professore molto severo!

h. tu mi porti in macchina, non ci voglio andare in autobus!

10-8. Un memo di ufficio. Il capo di Alice ha bisogno di una nuova assistente. Inserisci le parole appropriate dalla lista per completare il memorandum che sarà distribuito in ufficio.

chiunque	comunque	ovunque	qualunque

1. _____ lavori per noi, deve parlare inglese.

2. L'assistente deve accompagnarmi _____ io vada.

3. In _____ riunione noi facciamo, la responsabilità dell'assistente è di prendere appunti.

4. _____ vadano le riunioni, dobbiamo avere un rapporto scritto di quello che succede.

VOCABOLARIO

L'Hi-tech e l'informatica

10-9. Cruciverba: Sai parlare informatica? Dentro la pubblicità per *Hi Tech Expo* a Milano, c'è un cruciverba. Provalo!

Verticali:

2. Un verbo che significa *mandare* o *spedire*

3. Il suono di un apparecchio elettrico, per esempio, un telefono

4. Un aggettivo che significa *vuoto*, o *privo di energia*; è il contrario di "pieno"

5. Così si chiama una persona che dovrebbe ricevere una cosa inviata, come una lettera, una mail o un fax

6. Preparare il dischetto magnetico del computer, o la chiavetta, per ricevere i dati e i materiali che vuoi salvare.

8. Significa che non devi pagare per un servizio, o per una cosa

9. Chiudere un apparecchio elettrico, bloccare l'elettricità

Orizzontali:

1. Un'infezione che può danneggiare un computer e rovinare i programmi

7. Aggettivo che descrive una cosa, (idea, persona, soluzione, ecc.) come rischiosa, qualcosa che potrebbe causare danni

10. Un verbo che significa *stabilire confini* o *bloccare l'accesso*

11. Così si chiama la persona che invia o spedisce una lettera, una mail, un fax, ecc.

12. L'apparecchio che stampa su un foglio di carta i documenti presenti nel computer

13. Un documento d'identità

14. È il contrario di "spegnere"

10-10. Cosa trovi sul web? Alice naviga per il web in cerca di materiali per cucire. Abbina il nome del sito ai prodotti che offre.

i siti web	i prodotti
____ 1. www.agoinfilo.com	a. diversi tipi di lana per lavorare a maglia
____ 2. www.nonsolobianca.com	b. vestiti usati
____ 3. www.lalanalunga.com	c. tessuti eleganti di seta
____ 4. www.situatonellaseta.com	d. un'ampia scelta di materiali
____ 5. www.vendiamovintage.com	e. biancheria intima di vari colori
____ 6. www.dibuonastoffa.com	f. gli oggetti che servono per cucire

STRUTTURA 3

Il passato congiuntivo (*Past subjunctive*)

10-11. Cos'è successo? Gianni cerca di capire come mai Serena non gli abbia ancora telefonato. Metti i verbi **al congiuntivo passato**.

1. Serena non risponde a un SMS che Gianni le ha mandato e lui pensa che lei non (vedere) _____ il suo messaggio.

2. Gianni teme che ieri sera, dopo la sfilata, Serena (lavorare) _____ sul suo blog fino a tardi.

3. È bene che voi (leggere) _____ il blog della settimana scorsa, dove Serena parlava dei preparativi per la sfilata.

4. Gianni crede che Tiziana (dare) _____ il suo caricabatteria (*charger*) a Serena prima della sfilata.

5. Gianni spera che Serena (riuscire) _____ a intervistare alcune delle stiliste.

6. Gianni ha paura che stamattina noi non (ricordarsi) _____ di controllare il blog di Serena.

7. Gianni spera che ieri tu (collegare) _____ il tuo telefonino alla rete, altrimenti non potrai vedere le foto di oggi.

8. Ecco arriva Gianni, tutto contento. Pare che finalmente Serena gli (telefonare) _____!

10-12. Aiuto! Tiziana si trova in un posto dove sanno aggiustare i computer. Il suo portatile non funziona, e lei sta spiegando la sua storia al tecnico, Filippo, un suo amico. Per concludere la sua storia, bisogna coniugare i verbi al passato. Attenzione: a volte serve **l'indicativo**, a volte serve **il congiuntivo**.

Filippo, ecco il mio portatile. È rotto di nuovo. Spero che qui voi lo possiate aggiustare velocemente perché mi serve stasera alla sfilata. Suppongo che sia un virus, ma non capisco da dove vengano tutti questi virus! Pensi che ieri io (1. lasciare) _____ il computer sul tavolino, al bar? Hmm, non mi ricordo… Come? Tu credi che qualcuno lo (2. usare) _____ ? Ho capito, ma se quella persona non (3. inserire) _____ una chiavetta infettata (*damaged*) nel computer, che male c'è? Aspetta! Ieri, ci (4. io/caricare) _____ alcuni applicativi software nuovi, e il computer (5. rifiutare) _____ un programma in particolare. Immagino che quel programma (6. introdurre) _____ il virus al disco! Ho pensato che mio fratello (7. cancellare) _____ il programma problematico, ma adesso ho proprio paura che lui (8. divertirsi) _____ con il video gioco "Uccelli Arrabbiati" e temo che lui non (9. togliere) _____ nulla dal portatile! Filippo! Ti prego, fai presto ad aggiustarlo come (10. tu/fare) _____ l'ultima volta!

10-13. Le preoccupazioni quotidiane. A che cosa pensiamo? Completa le frasi usando il **congiuntivo presente** o **passato**, oppure **l'infinito**.

1. Sembra che "la via dell'Amore" nelle Cinque Terre (essere) _____ un posto fantastico per passare la giornata, la vista del mare dovrebbe essere eccezionale.

2. Voglio andare all'estero per le vacanze, ma ho paura di non (avere) _____ abbastanza soldi. Andrò in Liguria come sempre.

3. Abbiamo appena comprato un nuovo telefonino per Gianni, speriamo che gli (piacere) _____.

4. Scusi, c'è il servizio Wi-Fi qui in albergo? Pare che il mio portatile non (potere) _____ collegarsi a Internet.

5. Vado a controllare il telefonino. Spero che Serena mi (scrivere) _____ un SMS quando è tornata dalla sfilata ieri notte.

6. Tiziana vuole che noi (lasciare) _____ i nostri portatili a casa quando andiamo da lei, perché le dà fastidio che gli ospiti siano sempre collegati a Internet.

7. Mi sembra giusto che ognuno (pagare) _____ il proprio biglietto quando andiamo tutti insieme al cinema.

8. Ho paura che ieri tu non (avere) _____ abbastanza tempo per finire il tuo progetto.

9. Loro dicono che questa (essere) _____ la strada per Rapallo, ma io non ne sono convinta.

10. Il professore che Gianni cerca è in ufficio solo domani. Bisogna che Gianni gli (telefonare) _____ subito se vuole vederlo!

11. Chiunque (lavorare) _____ nel mondo della moda sa quanto è difficile trovare un biglietto per la sfilata.

12. Loro credono di (partire) _____ per Genova in treno. Non sanno dello sciopero!

13. È meglio che voi (venire) _____ a Milano in treno. Girare la città a piedi è divertente!

14. Dicono che ieri voi (comprare) _____ dei vestiti nuovi al mercato delle pulci (*flea market*) e li voglio vedere.

15. Spero che tu (volere) _____ spiegarmi come funziona questo computer. Io non capisco nulla.

STRUTTURA 4

Superlativi (*Superlatives*)

10-14. Pubblicità a pezzi. Le frasi di una recente campagna pubblicitaria sono state rovinate da un virus nel computer. Prendi un pezzo di frase della colonna **A** e trova la conclusione della colonna **B**

A

_____ 1. *Mai Più Bagnati* – la famosa compagnia di ombrelli introduce un impermeabile di plastica piegevole (*foldable*)...

_____ 2. *Emporium Spiaggia e Sole*: vieni da noi quando arrivano...

_____ 3. Hai sempre freddo? Allora, vestiti in pura lana vergine,...

_____ 4. Ti senti troppo bassa? Stasera esci con le scarpe *Skyscraper*...

_____ 5. *Trucco Triestino*: dal fard al rossetto: il trucco che garantisce che...

_____ 6. Il vestito da sposa vintage 1920...

B

a. ...tu sarai la più bella della festa!

b. ...i giorni più caldi dell'estate!

c. ...prende meno spazio in borsa, ed è meno pesante del trench!

d. ...l'unico materiale che ti fa soffrire meno il freddo invernale.

e. ...per la sposa più all'antica e tradizionale di tutte.

f. ...le scarpe con il tacco alto 6 centimetri - sarai la più alta in discoteca!

MODA E TECNOLOGIA S'INCONTRANO IN PIAZZA **127**

10-15. Com'è andato? Tutti vogliono sapere com'è andata l'esperienza di Alice all'Hi Tech Expo di Milano. Per ogni suo commento, indica la parola corretta.

1. L'Hi Tech Expo a Milano è stato il convegno (meglio / migliore) che io abbia mai seguito!

2. I presentatori erano (i migliori / il meglio).

3. Hanno spiegato la nuova tecnologia (meglio / migliore) di molti altri presentatori che abbia visto in passato.

4. Finalmente ho capito come usare tutte le nuove applicazioni sul mio computer, anche le (meglio / più) complicate.

5. La (meglio / migliore) presentazione era quella dello scrittore dalla rivista *Tecnologia Facile*.

6. L'esperienza (meno / più) bella è stata la camera in albergo. Era orribile, così piccola e buia!

7. Ho conosciuto delle persone (antipaticissime / simpaticissime) e con loro mi sono divertita.

8. Adesso capisco (migliore / meglio) come navigare in Internet e usare il mio computer.

9. Dopo questa conferenza, spero di creare un sito Web (migliore / meglio) di quello che avevo prima.

10. Tu puoi immaginare qualcosa (peggio / peggiore) di un virus che distrugge tutti i tuoi documenti?

10-16. Una divergenza di opinioni. Alice e Serena parlano sempre di tutto e di tutti. Oggi, Alice è di buon umore, come al solito, ma Serena ha dormito poco e male, e lei è di pessimo umore! Per ogni descrizione offerta da Alice, Serena usa **un superlativo** per offrire un'opinione contraria! Segui l'esempio e fai la parte di Serena.

Esempio   Il pesto Genovese è ottimo! Ma che dici? Il pesto Genovese è cattivo, anzi è *pessimo*!

1. Il Museo Stradivariano di Cremona è interessantissimo!

   Ma che dici? Il Museo Stradivariano di Cremona è *noioso*, anzi è _____!

2. Le spiagge in Liguria sono *le più belle* che abbia mai visto!

   Ma che dici? Le spiagge in Liguria sono le _____ belle che abbia mai visto!

3. Il Lago di Garda è il *miglior* posto per una vacanza rilassante!

   Ma che dici? Lago di Garda è il _____ posto per una vacanza rilassante! È sempre affollato!

4. Vedere una sfilata a Milano è stato *meglio* che vedere una sfilata in televisione!

   Ma che dici? Vedere una sfilata a Milano è stato _____ che vedere una sfilata in televisione!

5. La *peggior* parte è stata il viaggio in treno.

   Ma che dici? La parte _____ è stata il viaggio in treno!

6. Sono sicura che abbiamo pagato il *più* possibile per i nostri biglietti, avremmo dovuto cercare degli sconti.

   Ma che dici? Ti assicuro che abbiamo pagato il _____ possibile per i nostri biglietti! Non era possibile trovare sconti!

10-17. Piccolo quiz. Di quale posto parliamo? Serena inventa un quiz per le persone che leggono il suo blog. Provalo!

descrizioni	luoghi
____ 1. È la capitale della moda.	a. Sarzana
____ 2. Qui si può seguire la Via dell'Amore da Riomaggiore a Manarola.	b. Brescia
	c. Genova
____ 3. È la citta dove ha luogo la gara automobilistica, la Mille Miglia.	d. Sanremo
____ 4. Questo posto, anche grazie al lago, è considerato un posto meraviglioso per una vacanza rilassante, particolarmente per chi viaggia in famiglia.	e. Le Cinque Terre
	f. Milano
	g. Como
____ 5. È famosa per il Festival della Mente dove si riuniscono scienziati, scrittori, artisti, musicisti, psicoanalisti, neuroscienziati, filosofi, storici, attori—tutti interessati alle funzioni della mente!	h. la biosfera
____ 6. L'Istituto Italiano di Tecnologia (IIT), una fondazione dedicata ai progetti di neuroscienze e al progresso di scienze e technologie, si trova in questa città.	
____ 7. È difficile decidere se questa città è più conosciuta per il suo casinò, o per il suo festival della canzone.	
____ 8. Questo è più un progetto che un posto, ma ha il tocco di Renzo Piano, si trova a Genova, e si usa come 'mondo' per studiare le farfalle, le piante, ecc.	

CAPITOLO 11

PIAZZE MULTICULTURALI

VOCABOLARIO

L'immigrazione

11-1. Qual è l'intruso? Indica la parola che non va con le altre.

1. a. città	b. cittadinanza	c. citare	d. cittadino
2. a. emigrare	b. emigrato	c. emigrazione	d. emicrania
3. a. multa	b. multietnico	c. multilingue	d. multiculturale
4. a. pregiudizio	b. intolleranza	c. accoglienza	d. discriminazione
5. a. globale	b. locale	c. multinazionale	d. mondiale
6. a. extracomunitario	b. immigrante	c. straniero	d. regionale
7. a. sfruttare	b. aiutare	c. assistere	d. dare una mano
8. a. passaporto	b. identità	c. visto	d. clandestino

11-2. Completa la frase. Scegli dalla lista la parola che meglio completa le frasi.

accoglienza	barriere	cittadinanza	discriminazione
multietnico	nostalgia	promuovere	tolleranza

1. Sembra che l'intolleranza e il pregiudizio risultino spesso in _____.

2. Spesso l'extracomunitario soffre la _____ del Paese d'origine.

3. Il razzismo non dimostra _____ per un Paese multiculturale.

4. Gli organizzatori della Festa dei Popoli vogliono _____ il dialogo tra culture diverse con gli spettacoli di danza, la preparazione di cibi internazionali e altre attività multiculturali.

5. Nella mia classe di scuola elementare ho dei compagni che vengono da molti Paesi diversi, parlano lingue diverse e osservano tradizioni diverse—siamo davvero un gruppo _____.

6. Gli immigranti che arrivano in Italia sperano di ricevere un' _____ positiva. Per fortuna ci sono molte associazioni che aiutano ad abbattere le _____ culturali.

7. Oggi il mio amico norvegese è andato a fare i documenti per richiedere la _____ italiana.

11-3. Vediamo cosa c'è! La bacheca di Palazzo Margherita, sede del comune dell'Aquila, è punto di riferimento per gli extracomunitari. Vengono in cerca di lavoro, informazioni e servizi. Leggi i messaggi e scrivi i numeri dei messaggi sotto la categoria alla quale corrispondono (alcuni messaggi potrebbero rientrare in più di una categoria).

Seminario: Come iscrivere gli alunni provenienti da Paesi extracomunitari nelle scuole elementari. Martedì, 18 gennaio (ora: 18.00) Biblioteca Regionale F. Di Giampaolo, via Regina Margherita 6, 65122 Pescara ①

Gratis!
Assistenza psicologica e orientamento (per extracomunitari, per italiani sposati con stranieri e per coppie miste). Lunedì e mercoledì dalle ore 18 alle ore 19, Chiesa di Gesù, Teramo. Chiedete per Padre Agostino. ②

Urgente bisogno di ragazza alla pari! Famiglia a Pescara cerca studentessa o ragazza giovane per badare a due bambine. Stipendio: 700 euro al mese, camera privata con bagno, domenica libera. Chiama Signora Lalli-ora pasti 085 271 2560 ③

cerco Joachim B.
Joa, sono Maurizio! Lascio questo messaggio in bacheca e spero che tu lo veda! conosco un avvocato che ti può aiutare a ottenere il permesso di soggiorno. chiamami sul cellulare: 325.789.3617. ④

Brochure: Guida al Servizio Sanitario nazionale: La Tessera Sanitaria che ti permette di ottenere servizi sanitari ospedalieri, in clinica e al pronto soccorso! Non rischiare la tua salute! Richiedi la tessera oggi. ⑤

Salve a tutti, siamo BENVENUTI!, un'agenzia di servizi per l'immigrazione: ci occupiamo di ogni tipo di problema riguardante l'immigrazione, di pratiche di cittadinanza, tessere sanitarie, rinnovo permessi, per qualsiasi info: info@Benvenuti.tiscali.it. ⑥

Aspetti un figlio? Hai bisogno di servizi medici? È scaduto il tuo permesso di soggiorno? Rivolgiti all'ASL (Azienda Sanitaria Locale) della tua zona e richiedi l'assistenza sanitaria per stranieri clandestini: STP (straniero temporaneamente presente), questo tesserino ti garantisce l'assistenza medica! chiama il numero verde: 800 033 033. ⑦

Offerta di lavoro stagionale: cercasi camerieri, facchini e imbianchini per l'estate, Grand Hotel Magique (Pescara). Colloqui serali presso il Grand Hotel: 12-15 aprile, alle 20.00, sala Michelangelo. Fissa l'appuntamento con la signora Claudia: 347.258.8854. ⑧

Il Centro di Accoglienza Montemitro annuncia gli incontri settimanali per gli immigrati (offerti in diverse lingue) a sostegno delle persone in situazione di grave emarginazione—contatta lo sportello di Montemitro per maggiori informazioni. ⑨

Opportunità di lavoro	Servizi medici e assicurazione sanitaria	Documenti per i clandestini	Iscrizioni scolastiche per bambini stranieri	Nostalgia del Paese d'origine e isolamento sociale

STRUTTURA 1

Il congiuntivo imperfetto (*Imperfect subjunctive*)

11-4. Forse mi sbaglio? Annamaria parla della sua famiglia e di Chieti. Trasforma le sue frasi **al congiuntivo imperfetto.** Segui l'esempio.

Esempio Da piccolo mio nonno aveva i capelli biondi.

Pensavo che da piccolo mio nonno *avesse* i capelli biondi.

1. Mio nonno giocava a calcio in questa piazza.

   Pensavo che mio nonno _____ a calcio in questa piazza.

2. Gli amici di mio nonno abitavano in quel palazzo.

   Credevo che gli amici di mio nonno _____ in quel palazzo.

3. Secondo mia madre, io, da piccola, preferivo mio nonno a mia nonna.

   Mia madre pensava che io, da piccola, _____ mio nonno a mia nonna.

4. Karim, tu volevi visitare Chieti, no?

   Karim, io pensavo che tu _____ visitare Chieti, no?

5. Karim ed io abbiamo fatto delle foto di Chieti per mia madre.

   Mio padre sperava che Karim ed io _____ delle foto di Chieti per mia madre.

6. Non è vero che una volta il Caffè Bon Bon chiudeva la sera?

   Mi sembrava che una volta il Caffè Bon Bon _____ la sera.

11-5. Eccoci qua! Fatima e Omar, due amici senegalesi, sono contenti e sorpresi quando s'incontrano davanti alla porta dell'ufficio della professoressa Cocciolillo, la loro professoressa di italiano. Completa i loro commenti scegliendo la parola giusta in ogni frase.

Omar: Fatima! Che ci fai qui? Non puoi essere venuta per le ripetizioni di italiano, sei la più brava del corso! Infatti, credevo che la professoressa (1.) *mettesse / dimenticasse* da parte i voti alti — solo per te! Dimmi… sei qui perché hai scritto un intero dizionario di espressioni idiomatiche in italiano per la professoressa? No? Allora sei qui per dimostrare che puoi scrivere poesie in terza rima come Dante!

Fatima: Va bene, va bene, adesso basta! Omar, tu sai che ieri la professoressa mi ha detto che pensava che tu (2) *rifiutassi / potessi* avere un grande futuro come comico!

Omar: Veramente? La prof ti ha detto questo di me? Mi chiedo se parlava con ironia, Fatima, tu sei sicura che lei (3) *ascoltasse / parlasse* sinceramente quando l'ha detto? Al momento non pensavi che lei lo (4) *dicesse / scrivesse* con sarcasmo?

Fatima: Omar! Che stai dicendo? Non avrei mai immaginato che tu (5.) *amassi / fossi* così, qual è la parola in italiano? Adesso mi ricordo, *permaloso*!

Omar: Ho sentito quella parola ma non l'ho mai capita, credevo che (6.) *descrivesse / ignorasse* uno che non andava mai via, che rimaneva "permanente" in un posto.

Fatima: Ecco perché la professoressa mi ha detto che avrai un futuro come comico, sei davvero spiritoso! "Permaloso" è uno come te, uno sospettoso! Sai, non era solo la professoressa d'italiano che parlava di te, anche il professore di matematica era con noi, e mi sembrava che anche lui ti (7) *cercasse / trovasse* pieno di osservazioni comiche! Dai, rilassati Omar. Vedi, arriva la professoressa Cocciolillo!

Professoressa Cocciolillo: Ragazzi, buon giorno! Ho delle ottime notizie, ecco perchè vi ho chiamato per oggi!

Omar: Ma come, niente ripetizioni di grammatica?

Professoressa Cocciolillo: La Facoltà di Lingue e Lettere vuole riconoscere i migliori studenti del corso di italiano per stranieri! Hanno due borse di studio: una per il migliore studente, l'altra per la migliore studentessa del mio corso, e io ho pensato a voi due, che dite? Vi interessa? Immaginavo che voi (8) *dareste / poteste* trovare qualcosa da fare con questi soldi, vero? Complimenti! Meritate queste borse perché avete davvero fatto bene nel mio corso!

11-6. Ricordi astratti di Karim. L'avvocato di Karim gli chiede di descrivere i suoi primi mesi in Italia. Anna lo accompagna dall'avvocato, e mentre i due parlano, lei sente alcune delle risposte di Karim. Coniuga i verbi **all'imperfetto congiuntivo.**

Anche se avevo studiato italiano al liceo, i primi giorni all'università avevo paura di aprire bocca! Tutti gli altri studenti pensavano che io non (1. sapere) _____ una parola di italiano!

…Quel primo inverno in Italia, il mio amico del Cairo ed io morivamo di freddo! I nostri genitori erano convinti che non (2. piovere) _____ mai in Italia e che (3. fare) _____ caldo tutto l'anno, l'inverno vero era uno choc per noi!… La padrona della nostra residenza aveva paura che io e il mio amico non (4. avere) _____ i soldi sufficienti per comprare dei cappotti buoni, e lei ci ha regalato due giacche di suo marito. Che gentile!

Posso parlare dell' ottima cucina di Abruzzo? Prima di venire in Italia, credevo che voi italiani (5. mangiare) _____ gli spaghetti e nient'altro. Non sapevo che la cucina multietnica (6. trovarsi) _____ anche qui!

STRUTTURA 2

Pronomi relativi (*Relative pronouns*)

11-7. In altre parole. Karim telefona ad Annamaria con il suo vecchio cellulare, e la connessione va e viene. Introduci **i pronomi relativi** dalla lista per completare la loro conversazione:

che	quello che	chi	in cui	di cui

Karim: Pronto, Annamaria? Sono Karim, tutto bene?

Annamaria: Pronto, pronto, con (1.) _____ parlo? Non sento niente…

Karim: Annamaria, sono KARIM, mi senti??

Annamaria: Karim! Sì, adesso va meglio. Ciao, dove sei?

Karim: Sono in piazza e ho una bella notizia. Ti ricordi il mio amico del Cairo (2.) _____ parlavamo l'altro ieri?

Annamaria: Nassar? L'amico (3.) _____ è venuto l'anno scorso a visitarti?

Karim: Sì! Proprio lui! Ho una lettera (4.) _____ mi dice che ha vinto una borsa di studio per L'università degli Studi dell'Aquila!

Annamaria: Una borsa di studio per l'università di Quattrofila? Ma che dici? Non ho capito!

Karim: Non mi hai capito! (5.) _____ ho detto è L'AQUILA non Quattrofila!

Annamaria: Ah, devi fare la fila? Allora ti lascio andare… Ciao a presto!

Karim: ?

11-8. Sostituire! Indica quale pronome potrebbe sostituire il pronome sottolineato nelle frasi seguenti senza cambiare il significato.

1. Il nonno <u>di cui</u> Annamaria parlava era un uomo simpaticissimo.

    a. del quale   b. della quale

2. La bacheca <u>su cui</u> ho visto l'offerta di lavoro era al Centro Polivalente.

    a. sul quale   b. sulla quale

3. I documenti, <u>i quali</u> sono indispensabili per il permesso di soggiorno, sono a casa mia.

    a. chi   b. che

4. L'aula <u>dove</u> insegna la professoressa Cocciolillo è numero 300.

    a. in cui   b. da cui

5. Le persone, <u>che</u> lottano contro il razzismo, sono coraggiose e giuste!

    a. i quali   b. le quali

6. Ti ricordi gli amici <u>con cui</u> siamo andati alla Festa dei Popoli?

    a. con le quali   b. con i quali

7. Karim ha un amico <u>al quale</u> ha mandato una cartolina.

    a. a cui   b. per cui

8. Dimmi <u>quello</u> che hai fatto in Abruzzo!

    a. ciò   b. cui

VOCABOLARIO

La Globalizzazione

11-9. Cruciverba.

Orizzontali

4. processo in cui le economie nazionali operano a un livello mondiale, i mercati non sono più ristretti dai confini nazionali

6. la persona che compra e consuma i prodotti in vendita

7. crescere, diventare sempre più grande

9. dare una cosa e ricevere un'altra cosa, contraccambiare

10. l'attività, per esempio, di una fabbrica, dedicata alla creazione di una grande quantità di un prodotto

11. l'atto di portare prodotti di un altro Paese nel tuo Paese con lo scopo di venderli

12. si dice questo di una persona che trova valore solo nei beni materiali

Verticali

1. un'azienda che ha degli uffici e delle fabbriche in molti Paesi diversi

2. trasferire un'impresa pubblica a un soggetto privato

3. vendere all'estero prodotti fatti nel tuo Paese

5. cosi si chiama il "posto" dove si fanno le contrattazioni di beni o servizi

8. prodotto destinato alla vendita

11-10. Come sarà? Melania cerca di capire che gusto avranno questi nuovi tipi di alimenti. Per ogni alimento della colonna **A**, scegli l'aggettivo dalla colonna **B** che ci si abbina meglio.

A	B
___ 1. il challa	a. piccante
___ 2. il dulce de leche	b. croccanti
___ 3. il wasabi	c. dolce
___ 4. le arachidi (noccioline)	d. morbido
___ 5. acqua fredda	e. rinfrescante

STRUTTURA 3

Il congiuntivo trapassato (*Past perfect subjunctive*)

11-11. Ricordi costruttivi. Anna vuole sapere da Karim cosa avrebbe fatto diversamente se avesse saputo quello che sa adesso. Purtroppo non si torna indietro, **il trapassato congiuntivo** serve per descrivere una possibilità irreale. Le risposte di Karim sono divise nella tabella qui. Abbina le due parti per creare le frasi complete.

Se avessi saputo	avrei fatto
1. Se fossi stato più coraggioso e avventuroso, _____	a. avrei evitato il suo corso di economia internazionale, era molto difficile!
2. Se fossi stato più disciplinato con i compiti, _____	b. avremmo fatto amicizia con più studenti italiani.
3. Se avessi saputo com'era severo quel professore, _____	c. ci saremmo sentiti più preparati per gli esami.
4. Se fossimo andati alle lezioni di ripasso offerte dal professore, _____	d. non avrei fatto degli splendidi amici di cuore, vi sono grato!
5. Se io e gli altri studenti stranieri fossimo stati più socievoli, _____	e. avrei girato l'Italia e sarei andato in tutte le città principali.
6. Se non mi aveste incoraggiato di uscire con voi, _____	f. avrei ricevuto dei voti più alti.

11-12. Momenti di vita quotidiana. Coniuga i verbi tra parentesi **al congiuntivo trapassato,** seguendo l'esempio.

> **Esempio** È vero che l'università offre un corso di economia globale? Pensavo che l'*avesse offerto* (offrire) solo una volta, due anni fa.

1. La prima volta che Annamaria ha incontrato Karim, lei pensava che lui (nascere) _____ in Italia.

2. Quando Karim non ha visto le sue amiche al bar, ha creduto che le ragazze (andare) _____ a un altro bar per il loro appuntamento, invece erano solo un po' in ritardo.

3. Melania e Annamaria sono rimaste sorprese quando hanno visto un fast-food a Termoli. Non pensavano che i fast-food (arrivare) _____ nei paesi piccoli dell'Abruzzo.

4. Annamaria è stata contenta di trovare la sua professoressa in aula quando è arrivata, perché temeva che la professoressa (cancellare) _____ la lezione.

5. Melania ha trovato Annamaria quando ha finito il suo esame di economia, e Annamaria le ha detto: "Temevo che tu non (mangiare) _____ prima dell'esame, ecco un cappuccino e un cornetto".

6. Karim aveva paura che il suo avvocato (uscire) _____ prima dell'ora di pranzo, così era molto contento quando l'ha trovato in ufficio.

7. L'avvocato ha detto a Karim: "Certo che sono qua! Pensavi che io (dimenticare) _____ il nostro appuntamento?"

8. Sebbene l'avvocato (finire) _____ di preparare tutti i documenti per la richiesta di cittadinanza, Karim non riusciva a rilassarsi!

11-13. Programmi incompiuti? Gli amici parlano di momenti di disappunto al Friend Festival di Matese. Coniuga i verbi tra parentesi **al congiuntivo imperfetto** o **al congiuntivo trapassato,** secondo il contesto.

Esempio   La mamma di Anna sarebbe stata così contenta se Flaminia (venire) *fosse venuta.*
Lei adora Flaminia.

Karim: Melania e Annamaria! Non mi dite che avete preso la strada sbagliata! Se voi (1. prendere) _____ il treno locale, sareste arrivate in tempo per lo spettacolo di danza!

Melania: Facevo ancora i compiti per il corso di economia globale quando tu sei partito per il Festival! Avevo paura che, a causa dei compiti, noi non (2. potere) _____ vederci oggi, ma alla fine li ho finiti, ed eccoci qua!

Karim: Peccato che non (3. voi / arrivare) _____ prima dell'una, avreste potuto conoscere il mio amico del Cairo, ma lui è già tornato a casa, anche lui doveva studiare.

Annamaria: Karim, scusa ancora! Se io (4. sapere) _____ che tu volevi presentarci al tuo amico, avrei forzato Melania ad uscire di casa subito dopo pranzo!

Karim: Avete fatto bene: era necessario che Melania (5. finire) _____ i compiti per poter vedere il festival. Adesso venite con me, vediamo se hanno ancora quel polpo (*octopus*) preparato con la salvia.

**Melania
(sottovoce a Annamaria):** Io odio il pesce! Sarebbe l'ideale se tutte queste persone (6. finire) _____ tutto il polpo prima del nostro arrivo. Ma perché non andiamo in una pizzeria italiana?

STRUTTURA 4

Concordanza dei tempi (*Sequence of tenses with subjunctive*)

11-14. Le riflessioni degli amici: Quale congiuntivo? Coniuga i verbi al congiuntivo scegliendo tra **congiuntivo presente, congiuntivo passato, congiuntivo imperfetto** e **congiuntivo trapassato**—fai molta attenzione al contesto:

1. Tu volevi che Karim e Annamaria ti (invitare) _____ al Friend Festival?

2. Penso che ci (essere) _____ un festival ogni anno, perciò potresti andarci l'anno prossimo!

3. La madre di Melania insiste che lei (studiare) _____ economia per capire il mondo di oggi.

4. Melania temeva che la sua professoressa non (accettare) _____ il suo tema sul mercato globale perché aveva fatto poca ricerca.

5. La professoressa avrebbe voluto che Melania (fare) _____ più ricerca sulle condizioni delle fabbriche all'estero.

6. Sebbene Melania non (leggere) _____ tutti i documenti che doveva leggere, ha ricevuto un buon voto per il suo tema.

7. Benché (essere) _____ tardi, gli studenti vogliono fermarsi al Caffè Bon Bon per un aperitivo.

8. Annamaria pensa che noi (andare) _____ al cinema senza di lei ieri sera, ma non è vero! Siamo rimasti a casa a studiare.

9. Saresti contenta se il mio amico poeta ci (potere) _____ spiegare le poesie di D'Annunzio?

10. Melania ha paura che il ristorante indiano non (offrire) _____ i piatti che piacciono a lei.

11. Karim vuole che Melania e Annamaria (leggere) _____ dei romanzi egiziani.

12. Sarebbe stato più divertente se al Festival tu e Karim (arrivare) _____ in tempo per il concerto rock!

13. Il professore d'italiano vorrebbe che noi extracomunitari (potere) _____ prendere la cittadinanza senza tutti questi ostacoli!

14. Sarebbe bello se ci (essere) _____ delle opportunità di lavoro per tutti quelli che ne hanno bisogno!

11-15. Piccolo quiz. Vediamo quali dettagli ti ricordi dell'Abruzzo e del Molise?

1. Come si chiama il famoso poeta di Pescara?

   a. Gabriele D'Annunzio   b. Francesco Petrarca   c. Giacomo Leopardi

2. Cosa è successo nel 2009 in Abruzzo?

   a. un temporale con   b. una nevicata abbondante   c. un terremoto grave
      molta pioggia

3. La città che ha subito i peggiori danni si chiama

   a. Pescara   b. L'Aquila   c. Chieti

4. Come si chiama l'unione di associazioni dedicate ad aiutare la zona dopo questa
   tragedia?

   a. Ricostruire Insieme   b. Ritornare a Casa   c. Ricominciare Insieme

5. Il nome del pullman che gira per i paesi e offre informazioni, consigli, e orientamento
   agli immigrati in Abruzzo, tutto gratis, è:

   a. Sprint Molise   b. Consorzio Bridge   c. Migrantibus

6. Quale descrizione descrive la Piazza d'Arti all'Aquila?

   a. È una bellissima   b. È una piazza dedicata alla   c. È una piazza moderna,
      piazza antica, con   cucina di Abruzzo dove   dove trovi le organizzazioni
      molti monumenti   puoi trovare molti   dedicate alle arti, o alla
      medioevali.   ristoranti regionali.   ricostruzione delle comunità
                                                                   rovinate dal terremoto, o che
                                                                   offrono servizi ai disabili.

7. Quale città è la più popolata?

   a. Pescara   b. Ortona   c. Lanciano

8. Il Parco Nazionale del Gran Sasso si trova in quale regione?

   a. Abruzzo   b. Molise   c. Puglia

CAPITOLO 12

GLI ITALIANI UNITI NELLE PIAZZE E NEL MONDO

VOCABOLARIO

Il governo e la politica

12-1. Al governo, come si fa? Dopo una visita al Palazzo del Quirinale, la nipotina di Carla le fa molte domande sul governo. Usa la lista di parole per rispondere alle sue domande.

Domande

_____ 1. Chi è la persona che serve come capo del governo?

_____ 2. Come si chiama il documento ufficiale dove tutti i doveri e i diritti dei cittadini italiani sono elencati?

_____ 3. Il parlamento italiano è "bicamerale", perché?

_____ 4. Quando voti su una legge o su un atto normativo, come si chiama?

_____ 5. Chi ha votato per la prima volta nel 1946?

_____ 6. Come si chiama la persona che si occupa del comune, il "capo" della città?

Risposte

a. Il primo ministro

b. Il sindaco

c. La Costituzione

d. Le donne hanno votato

e. È fondato su due camere: La Camera dei Deputati e La Camera del Senato

f. Un referendum

12-2. La parola giusta è... Abbina la parola che rappresenta meglio il significato delle espressioni date.

1. Il divieto, dire di no:

   a. permettere   b. proibire

2. Avere la maggioranza, vincere le elezioni:

   a. essere eletto   b. fare un discorso

3. Quando il governo fallisce o non riesce a governare:

   a. cadere   b. proclamare

4. Il tricolore:

   a. il quirinale   b. la bandiera italiana

5. Una persona di grado immediatamente inferiore alla persona che comanda:

   a. ministro   b. vice

6. Andare alle urne:

   a. votare   b. inaugurare

STRUTTURA 1

Il periodo ipotetico

12-3. Una serata possibile secondo Leonardo. Leonardo sta pensando al gelato. Usa **il periodo ipotetico reale**—presente o futuro—per completare il paragrafo.

"Sono le 20.00 e Carla torna a casa sempre alle 18.00. Allora se le telefono adesso la

(1. trovare) _____ a casa di sicuro. Aspetta... oggi è mercoledì, e

Carla ha molti compiti il mercoledì. Se deve studiare e la chiamo, lei non (2. potere)

_____ parlare con me. D'altra parte, se riuscirà a finire i suoi compiti

prima delle 22.00 noi (3. potere) _____ andare insieme da Giolitti, la mia

gelateria preferita! Se io andrò da Carla e l'aiuterò con i i compiti, allora lei non (4. avere)

_____ altre scuse!"

12-4. Una serata possibile secondo Carla. Continua con **il periodo ipotetico reale** per i pensieri di Carla…

"Quanti compiti stasera! I miei professori sono severi! Anche se io 1. (1. cominciare) _____ a studiare adesso, non (2. potere) _____ finirli prima di mezzanotte! Che stress! Aspetta, se Leonardo mi (3. aiutare) _____ , noi (4. finire) _____ tutto in poco tempo! Adesso lo chiamo e gli dico di venire…"

12-5. Da Carla. I due amici cercano di fare i compiti di Carla in fretta. Usa **il periodo ipotetico possibile** per completare la loro conversazione.

Leonardo: Questo compito ha che fare con il governo, se tu (1. potere) _____ lavorare per un ministero, quale ministero (2. tu / scegliere) _____?

Carla: Se io (3. avere) _____ l'opportunità di entrare in un ministero, (4. lavorare) _____ per il Ministero dell'Istruzione Pubblica!

Leonardo: Ho capito! Vuoi abolire i compiti, vero? Se gli studenti (5. lavorare) _____ di più durante la lezione, i professori non (6. dare) _____ così tanti compiti da fare a casa.

Carla: Non ci posso credere! Tu sei dalla parte dei prof! Dai! Se tu (7. mettersi) _____ a contare tutte le ore passate a studiare a casa, il numero totale (8. essere) _____ impressionante! Se io (9. essere) _____ Ministro dell'Istruzione Pubblica, io (10. fare) _____ di tutto per ridurre i costi dell'università! Più studenti (11. prendere) _____ la laurea se il governo (12. trovare) _____ una strategia per ridurre le tasse d'iscrizione.

Leonardo: Se l'università (13. costare) _____ di meno, gli studenti (14. mangiare) _____ più gelati da Giolitti. Dai, andiamo!

12-6. Passeggiando per il centro. Purtroppo la gelateria Giolitti è già chiuso. Gli amici decidono di camminare per le stradine del centro. Usa **il periodo ipotetico irreale** per completare la loro conversazione.

Carla: Leonardo, è bello passeggiare con questa luna, solo che ho una fame da lupo! Se tu (1. arrivare) _____ a casa mia prima, noi (2. potere) _____ finire i compiti prima dell'ora di chiusura della gelateria Giolitti!

Leonardo: Non dire che questa è colpa mia! Se tu (3. fare) _____ i tuoi compiti a scuola, non (4. tu / trovarsi) _____ con tremila compiti da fare a casa!

Carla: Non dare la colpa a me! Se il professore (5. scrivere) _____ alla lavagna durante la lezione, noi (6. capire) _____ la lezione meglio!

Leonardo: Se io (7. essere) _____ in aula con te, io (8. dire) _____ al professore di scrivere TUTTO alla lavagna!

Carla: Se tu e i tuoi amici cervelloni (9. venire) _____ con noi in classe oggi, voi (10. capire) _____ che questo professore è veramente distratto! Qualche anno fa, lui ha fatto domanda per diventare ricercatore, ma non ha vinto il posto. Se l'università gli (11. offrire) _____ quel posto, lui (12. essere) _____ contento. Purtroppo oggi non ci sono più opportunità per lui.

Leonardo: Speriamo che lui trovi un posto di ricercatore quest'anno! Allora, vogliamo vedere se c'è una gelateria in quella piazza?

12-7. Non vogliamo offendere. Non puoi sempre dire quello che pensi! Abbina quello che pensiamo con quello che diciamo.

Quello che pensiamo

___ 1. Ragazzi, se voi foste arrivati all'ora fissata, non sarei rimasto qui a tenere aperto lo studio fino a chissà che ora, solo per voi!

___ 2. Se avesse preso la taglia più grande, come avevo suggerito, signora mia, non dovrebbe pagare ancora 20 euro per allargare i pantaloni!

___ 3. Se tu avessi studiato un po' di più il professore non ti avrebbe bocciato in matematica!

___ 4. Se Paolo fosse entrato nell'azienda di suo padre, non sarebbe senza lavoro adesso.

___ 5. Se fossi io la mamma, manderei quel monello in camera sua!

___ 6. Signora, se Lei mi avesse chiesto di avvisarLa di scendere dall'autobus a Piazza Venezia mezz'ora fa, non si troverebbe dall'altra parte della città in questo momento.

___ 7. Se avessi saputo prima che tu volevi solo parlare della tua noiosa ex-fidanzata, non sarei mai venuta stasera!

___ 8. Se fossero davvero bravi, non sarebbero costretti a cantare in questo pub triste in periferia! Sono proprio terribili!

Quello che diciamo

a. Certo signora, adesso le spiego come deve fare per tornare a Piazza Venezia, mi dispiace che abbia perso la sua fermata.

b. Hai ragione caro, il professore era molto severo e l'esame sarà stato difficile.

c. Che musica originale! Non credo di aver mai sentito un altro gruppo come questo!

d. Signora, il costo del sarto è 20 euro, e non saranno pronti prima di sabato.

e. Certo signora, capisco che bambini di quell'età possono essere difficili.

f. Lei ti ha proprio ridotto a zero (*reduced you to shreds*), quanto mi dispiace! Fai bene a parlarne.

g. Non preoccupatevi, posso rimanere ancora, accomodatevi.

h. Ancora non ha trovato un posto? Poveraccio! Quanti mesi sono che è senza lavoro?

STRUTTURA 2

Sostantivi irregolari e suffissi

12-8. Giochiamo con le parole. Carla e la nipotina vogliono visitare il Colosseo, e devono fare la fila con tanti turisti… Carla inventa un gioco per la nipotina: per ogni frase che Carla dice, la nipotina deve ripeterla cambiando **il numero** e **il genere**. Segui l'esempio.

Esempio   una turista tedesca   *due turisti tedeschi*

1. un giornalista spagnolo   due _____ _____

2. una comunista delusa   due _____ _____

3. un musicista brillante   due _____ _____

4. un'artista famosa   due _____ _____

12-9. Parliamo del corpo… Carla cambia il gioco e introduce i sostantivi irregolari al plurale per **le parti del corpo**, bisogna arrivare al singolare dal plurale. Segui l'esempio.

Esempio   le mani   *la mano*

1. le braccia   _____ _____

2. le ginocchia   _____ _____

3. le orecchie   _____ _____

4. le dita   _____ _____

12-10. Solo suffissi. Carla e la nipotina sono quasi arrivate all'entrata del Colosseo. Per gli ultimi minuti di fila, Carla le spiega il gioco **dei suffissi**. Per ogni significato suggerito, bisogna suggerire un suffisso.

Esempio   un uomo grande e robusto   *un omone*

1. una villa piccola e graziosa   _____ _____

2. una brutta giornata di pioggia   _____ _____

3. un fratello minore   _____ _____

4. una cattiva parola, una parola "offensiva"   _____ _____

5. la porta principale di un palazzo   _____ _____

6. un telefono piccolo, un cellulare   _____ _____

VOCABOLARIO

Gli italiani illustri

12-11. Questo mi serve per la mia professione! Carla e Leonardo sono al guardaroba dei Musei Vaticani. Si divertono a vedere gli oggetti lasciati dagli altri visitatori, e cercano di indovinare le professioni dagli oggetti.

Oggetti	Professioni
____ 1. dei pennelli e una collezione di colori ad olio	a. architetto
	b. artista
____ 2. il codice civile e una copia della Costituzione italiana	c. astronomo
____ 3. il copione di una commedia di Plauto, il famoso scrittore romano	d. atleta
	e. attore
____ 4. un libro di barzellette	f. comico
____ 5. un pallone e le scarpe da ginnastica	g. musicista
____ 6. un telescopio e una guida alla costellazione di Cassiopea	h. senatore
____ 7. un violino	
____ 8. una riga, una matita meccanica e un libro di disegno industriale	

STRUTTURA 3

Passato remoto

12-12. Non è poi così remoto il nostro passato. Carla e Leonardo camminano per i Musei Vaticani. Per completare la loro conversazione bisogna inserire i verbi dalla lista.

accompagnò	andammo	cominciai	diede
dovetti	facemmo	mi fermai	portò
salì	scrisse	sparirono	telefonò
usciste	visitammo	volle	

Carla: Leonardo, ti ricordi la prima volta che noi 1. _____ questo museo? Eravamo ancora nella scuola elementare e la maestra ci 2. _____ per tutta Roma!

Leonardo: Sì, le gite scolastiche erano il privilegio e la tortura di ogni bambino romano. Una volta noi 3. _____ alla fontana di Trevi, e 4. _____ per lanciare una moneta nell'acqua, e in pochi secondi 5. _____ tutti! Avevo dieci anni, ed ero solo e abbandonato davanti al fontanone con tutti i turisti americani! Non parlavo inglese, e 6. _____ a piangere! Una simpatica signora mi 7. _____ aiutare, e lei mi 8. _____ a un bar dove mi 9. _____ un bel gelato e il barista 10. _____ al preside della scuola.

Carla: Che storia! Io invece mi ricordo quando la nostra classe 11. _____ in cima al duomo di San Pietro—12. _____ quasi 400 scale –e tu e Claudio 13. _____ prima di noi, i primi ragazzi della classe a vedere un panorama indimenticabile di tutta Roma!

Leonardo: Come 14. _____ il poeta Marinetti " Mi fermo sopra Roma…" dalla poesia, *L'aeroplano del papa*. Io 15. _____ imparare tutta quella poesia a memoria, e adesso non mi ricordo nulla!

12-13. Cruciverba: giochiamo con i passati. Per completare il cruciverba bisogna trasformare i verbi dal **passato prossimo** al **passato remoto**.

orizzontali

6. sono arrivati

8. ho cantato

10. ho scritto

16. ha visto

17. avete bevuto

18. sei stato

19. hanno detto

20. ha letto

21. è venuto

verticali

1. avete parlato

2. sono piaciuti

3. siamo tornati

4. ha conosciuto

5. è nato

7. sei andata

9. ha messo

11. abbiamo chiesto

12. hanno saputo

13. siamo stati

14. avete avuto

15. hai amato

18. ho fatto

19. ha dato

STRUTTURA 4

L'uso dell'infinito

12-14. 'A' o 'di'? La nipotina di Carla tormenta Carla con le sue richieste. Correggi le sue domande inserendo **a** o **di**.

1. Sei riuscita _____ persuadere Leonardo a portarmi a Bomarzo?

2. Se fossi in te, gli direi _____ andare con la macchina!

3. Lo so, lui si lamenterà _____ com'è lunga la strada!

4. Dai! Anche lui si diverte _____ vedere tutte le sculture spaventose!

5. Carla, quando finisci _____ lavorare, lo puoi chiamare?

6. Va bene, ti lascio in pace (*peace*), ma cerca _____ parlare con Leonardo oggi, ti prego!

12-15. Quale infinito manca? Questi cartelloni hanno perso qualche parola, scegli la conclusione logica per completare i messaggi originali.

1. Niente sigarette! Non   a. fumare.   b. bere.

2. Silenzio prego! Non   a. ascoltare.   b. parlare.

3. Prima di   a. dormire,   b. mangiare, bisogna lavare le mani.

4. I film comici mi fanno   a. ridere.   b. piangere.

5. a. Mandare   b. Pagare   alla cassa, grazie!

6. a. Chiudere   b. Aprire   bene la porta quando si esce!

12-16. Quanto mi fa...! Carla e Leonardo camminano per Trastevere dopo cena, e Carla prova dei sentimenti forti quando vede certe cose... Scegli la parola che completa meglio ogni frase.

1. Quando vedo tutta la carta che la gente butta per terra, mi fa *arrabbiare / sorridere*.

2. Votare per i diritti delle donne mi fa sentire *triste / orgogliosa* di vivere in una democrazia!

3. Che bella musichetta che esce da quel ristorante, mi fa venire voglia di *correre / ballare*.

4. Leonardo! Ehi! Svegliati! Possibile che sono così noiosa che ti faccio *addormentare / alzare*?

12-17. Piccolo Quiz. Vediamo cosa hai imparato. Scegli la risposta corretta.

1. Roma fu costruita sopra quanti colli?

    a. tre
    b. sette

2. Il fiume che passa per Roma si chiama

    a. Arno.
    b. Tevere.

3. *Il Corriere della sera*, *La Repubblica*, *il Sole 24 Ore,* e *La Stampa* sono tutti

    a. programmi televisivi.
    b. giornali quotidiani.

4. Per votare in Italia, un cittadino deve avere

    a. 18 anni.
    b. 21 anni.

5. "La tessera elettorale è"

    a. la carta d'identificazione che ti permette di ricevere la pensione.

    b. la carta d'identificazione che ti permette di votare alle elezioni.

6. Un cittadino italiano residente a New York

    a. non vota alle elezioni italiane perché si trova all'estero.

    b. può votare per corrispondenza da New York.

7. Gli italiani che sono residenti all'estero

    a. devono abbandonare la cittadinanza italiana perché hanno lasciato l'Italia.

    b. anche se sono residenti all'estero, conservano la cittadinanza italiana.

8. L'Italia divenne una Repubblica alla fine della seconda guerra mondiale. Prima del 1946, Italia era...

    a. una monarchia.
    b. un principato.

PIACERE! IO MI CHIAMO…

PRONUNCIA

Track P-1

P-1. L'alfabeto italiano. The Italian alphabet has 21 letters. Each letter corresponds to the name of a city or place which represents the letter for spelling purposes. Read and repeat each letter and the city or place affiliated with it after the speaker.

A come Ancona	H come Hotel	Q come Quercerossa
B come Bari	I come Imola	R come Ravenna
C come Como	L come Livorno	S come Siena
D come Domodossola	M come Matera	T come Torino
E come Enna	N come Napoli	U come Udine
F come Firenze	O come Orvieto	V come Venezia
G come Genova	P come Parma	Z come Zambrone

Track P-2

P-2. Pratichiamo le vocali. Read and repeat the following words after the speaker.

1. **A:** va, casa, Roma, città

2. **E:** è, scrive, prego, espresso

3. **I:** piazza, pizza, italiano, mi, ti

4. **O:** nome, dove, come, cognome

5. **U:** uno, luna, scusa, lui

P-3. Suono dolce o duro? *C* or *g* make a hard or soft sound depending on which vowels follow them. **Ca**, **co**, **cu** are hard sounds, **ce** and **ci** are soft. Listen and repeat after the speaker. Read and repeat the following words after the speaker.

caffè	come	casa	capisco	ciao	cena

Ga, go, gu are hard sounds, **ge** and **gi** are soft. Listen and repeat after the speaker. Read and repeat the following words after the speaker.

gatto	gondola	guerra	gelato	Gianni

Ch and **gh** in Italian are also hard sounds. Listen and repeat after the speaker. Read and repeat the following words after the speaker.

chi	che	chiami	cognome
amiche	chiese	funghi	spaghetti

P-4. Saluti! As you sit in the piazza you hear people speaking behind you. Without turning around, you try to guess the gist of their exchanges. Each phrase will be repeated twice. Select the correct answer.

1. a. a student greeting a professor   b. a professor greeting a student
2. a. old friends meeting   b. new acquaintances being introduced
3. a. people meet in the morning   b. people meet in the evening.
4. a. good news is shared   b. bad news is shared
5. a. people arrive and say hello to each other   b. people depart and say good-bye to each other

STRUTTURA 1

L'alfabeto italiano

Track P-5

P-5. Fare l'appello. You're listening while the **professore** reads the students' names in random order on the first day of class. Select all the names you hear.

Stefano, Paolo, Andrea, Giovanni, Anna, Maria, Mariaclaudia, Diana, Beatrice, Carla, Claudio, Federico, Cristina, Giacomo, Alessia, Luca, Giulia, Sara, Davide, Angelo, Rebecca, Giancarlo, Isabella, Paola, Sandro, Gemma, Elissa, Renzo, Renata, Giuseppe, Michele

Track P-6

P-6. La pronuncia di *gn* e *gli*. Remember, **gn** is pronounced like *ny* in the English word *canyon*. Listen and repeat after the speaker.

sogno   **spugna**   **giugno**   **Sardegna**

Gli is pronounced like *ll* in the English word *million*. Listen and repeat after the speaker. Read and repeat the following words after the speaker.

luglio   **figlio**   **foglio**   **giglio**

Read and repeat the following names of Italian piazzas after the speaker.

Piazza di Spagna   **Piazza della Signoria**   **Piazza San Ignazio**

Here are some Italian versions of familiar film titles. Read and repeat after the speaker, paying close attention to the **gn** and **gli** sounds. Do you know the original titles of these films?

Per un pugno di dollari

Gli incredibili

Il signore degli anelli

Track P-7

P-7. La pronuncia delle doppie. Read and repeat the following words after the speaker.

1. piazza
2. pizza
3. bella
4. brutta
5. espresso
6. cappuccino

P-8. L'accento sulla sillaba finale. In Italian, some words have an accent that falls on the final vowel. Read and repeat the following words after the speaker.

1. caffè
2. città
3. virtù

4. perché
5. felicità
6. università

Note that accents help distinguish between words with different meanings. Read and repeat the following words after the speaker. Note their different meanings.

7. e (and) / è (is)

8. li (them) / lì (there)

9. si (a reflexive pronoun) / sì (yes)

P-9. Torniamo alle doppie: quante "s" in "Professoressa"? Listen carefully as the speaker reads one word from each pair of words twice. Select the word you hear.

1. a. cassa
2. a. sette
3. a. notte
4. a. serra (*greenhouse*)
5. a. nonno (*grandfather*)

b. casa
b. sete (*thirst*)
b. note (*notes*)
b. sera
b. nono (*ninth*)

P-10. Qual è la domanda? You overhear only one side of various phone conversations. Guess what is being asked based on what you hear. Each phrase will be repeated twice.

1. a. Come ti chiami?
2. a. State bene?
3. a. Come sta il professore?
4. a. Come si dice il cognome?

b. Di dove sei?
b. Siete studenti?
b. Come si chiama il professore?
b. Come si scrive il cognome?

STRUTTURA 2

Essere e stare (To be)

Track P-11

P-11. Chi è? Listen as the speaker reads a series of phrases with the verb **essere**. Each phrase will be repeated twice. Select the subject that matches the verb(s) in each phrase.

1.	io	tu	lui	lei	noi	voi	loro
2.	io	tu	lui	lei	noi	voi	loro
3.	io	tu	lui	lei	noi	voi	loro
4.	io	tu	lui	lei	noi	voi	loro
5.	io	tu	lui	lei	noi	voi	loro
6.	io	tu	lui	lei	noi	voi	loro

Track P-12

P-12. Qual è il numero? Listen as the speaker reads one phone number from each group below. Select the number you hear. Each phone number will be repeated twice.

1.	(055) 45-98-011	(055) 67-34-98	(055) 48-24-759
2.	(06) 32-47-951	(06) 52-87-159	(06) 45-98-911
3.	(347) 35-47-895	(335) 65-65-8932	(365) 98-74-6284
4.	(0761) 58-95-12	(0761) 98-38-21	(0761) 80-13-25

Track P-13

P-13. Quale mese? Listen as the speaker mentions a holiday. Based on what you hear, select the month the speaker is referring to. Each holiday will be repeated twice.

1.	agosto	febbraio
2.	gennaio	marzo
3.	dicembre	ottobre
4.	aprile	luglio

CAPITOLO 1

IN PIAZZA DOPO LE LEZIONI

PRONUNCIA

Track 1-1

1-1. La lettera *s* in italiano. *S* in Italian can be pronounced two different ways, called *voiced* or *voiceless*. *S* is voiceless when it comes before a vowel at the beginning of a word, or when it is followed by certain consonants (*c, f, p, q, t*), and it sounds like the English words *sell* or *stubborn*. Read and repeat the following voiceless *s* words after the speaker.

sì	simpatico	signorina	obelisco
studentessa	ristorante	professore	professoressa
sedia	finestra	espresso	studente

Track 1-2

1-2. Ancora la lettera *s*. *S* is voiced when it is followed by certain consonants (*b, d, g, l, m, n, v, z*) or when it is between two vowels, and it sounds like the English words *nose* or *rose*. Read and repeat the following voiced *s* words after the speaker.

filosofia	museo	fisica	sveglia
chiesa	inglese	noioso	generoso
slavo	bisbigliare	giornalismo	esame

Track 1-3

1-3. Ripetiamo. Listen and repeat the sentences after the speaker, paying attention to the variety of *s* sounds.

1. Sebastiano segue la discussione in classe con Susanna.

2. Il signor cinese saluta il filosofo francese in chiesa prima di uscire.

3. Alessia è studiosa e generosa; Sara è vanitosa e porta sempre il color rosa.

4. Secondo me, il sugo di Sebastiano sa di sale!

5. Tu sai se Stefano crede che l'ipotesi scientifica possa essere la soluzione?

STRUTTURA 1

Sostantivi (*Nouns*)

Track 1-4

1-4. Maschile o femminile? Listen to the following list of words. Each will be repeated twice. Select **maschile** if the word is *masculine* in gender or **femminile** if it is *feminine* in gender.

1. maschile / femminile   5. maschile / femminile

2. maschile / femminile   6. maschile / femminile

3. maschile / femminile   7. maschile / femminile

4. maschile / femminile   8. maschile / femminile

Track 1-5

1-5. Singolare o plurale? Listen to the following list of words. Each will be repeated twice. Select **S** if the word is *singular*, **P** if it is *plural*, or **SP** if it could be either.

1. S / P / SP   5. S / P / SP

2. S / P / SP   6. S / P / SP

3. S / P / SP   7. S / P / SP

4. S / P / SP   8. S / P / SP

Track 1-6

1-6. Prepariamo! Paolo is preparing for his first day of class, and he wants to have plenty of everything on his list! Listen to each noun and change it from the **singular** to the **plural** form. Then repeat the correct response after the speaker.

1. _____

2. _____

3. _____

4. _____

5. _____

6. _____

1-7. Certo che ci sono (*Certainly there are*)! Paolo is asking Marta details about the university. For every item Paolo asks about, Marta tells him there are actually three of them. Listen to Paolo's questions and write the **plural form** of the noun. Then repeat the correct response after the speaker.

Esempio You hear: C'è una professoressa?

You write: *professoresse*

You say: *Sì, ci sono tre professoresse!*

1. Sì, ci sono tre _____! 5. Sì, ci sono tre _____!

2. Sì, ci sono tre _____! 6. Sì, ci sono tre _____!

3. Sì, ci sono tre _____! 7. Sì, ci sono tre _____!

4. Sì, ci sono tre _____! 8. Sì, ci sono tre _____!

STRUTTURA 2

Gli articoli (*Articles*)

1-8. Preparazioni per la prima lezione. Professor Martini is getting her materials ready for the first day of class. Listen to the items on her list. Write each item, adding the correct **articolo indeterminativo**. Then repeat the correct response after the speaker.

Esempio You hear: libro

You write and say: *un libro*

1. _____ 5. _____

2. _____ 6. _____

3. _____ 7. _____

4. _____ 8. _____

1-9. Ecco la città! Paolo is making a video of his life in Naples to post for his friends. Help him point out what he is filming by writing the noun and adding the correct **articolo determinativo**. Then repeat the correct response after the speaker.

Esempio   You hear: piazza

You write: *la piazza*

You say: *Ecco la piazza!*

1. Ecco _____!   5. Ecco _____!

2. Ecco _____!   6. Ecco _____!

3. Ecco _____!   7. Ecco _____!

4. Ecco _____!   8. Ecco _____!

1-10. All'università. Listen to the following phrases, then circle the appropriate conclusion. Then repeat the correct response after the speaker.

1. Mi piacciono la biologia, la chimica e la fisica. Studio...

   a. le scienze.   b. l'arte.

2. Dove sono i corsi di francese e tedesco? Sono con le...

   a. lingue straniere.   b. scienze.

3. Lunedì ho lezione del corso *Napoli e il medioevo.* È un corso di...

   a. storia.   b. chimica.

4. Martedì c'è l'esame di geometria per il mio corso di...

   a. matematica.   b. giurisprudenza.

5. *Le banche italiane e la crisi globale* è un corso di...

   a. francese.   b. economia.

1-11. Ma quanto spendi (*How much are you spending*)? Paolo is watching Dolores go through her receipts from **la cartolibreria**. As Dolores reads her receipts, listen and write down the amount she paid for each item she purchased. Each amount will be repeated twice.

1. Un dizionario costa _____.

2. Un'agendina costa _____.

3. Una cartellina costa _____.

4. Un pennarello rosso costa _____.

5. Un quaderno costa _____.

6. Un orologio costa _____.

STRUTTURA 3

Gli aggettivi (*Adjectives*)

Track 1-12

1-12. Chi è (*Who is it*)? Che cosa è (*What is it*)? Listen to the following descriptions, and choose the letter of the item or person that best matches what you hear. Each description will be repeated twice.

A	B
___ 1.	a. ristorante
___ 2.	b. studente
___ 3.	c. chiesa
___ 4.	d. lezione
___ 5.	e. professoressa
___ 6.	f. zaino

Track 1-13

1-13. Com'è? (*What is it like?*) Come sono? (*What are they like?*) Select the adjective that matches the nouns you hear. Each noun will be repeated twice.

1. severo	severa	severi	severe
2. simpatico	simpatica	simpatici	simpatiche
3. timido	timida	timidi	timide

4. lungo	lunga	lunghi	lunghe
5. basso	bassa	bassi	basse
6. piccolo	piccola	piccoli	piccole

Track 1-14

1-14. No! Al contrario! Whatever opinion Marta offers, Dolores disagrees with her! Listen to each phrase and answer with an adjective that is opposite in meaning from the one you hear. Repeat the correct response after the speaker.

Esempio You hear: Gianni è tirchio!

You write: *generoso*

You say: *No, Gianni è generoso!*

1. No, la ragazza è _____!

2. No, il professore è _____!

3. No, gli studenti sono _____!

4. No, le studentesse sono _____!

5. No, la città è _____!

6. No, il bambino è _____!

Track 1-15

1-15. Quale corso? You are looking for the correct classroom for your Italian class. As you wander, you hear snippets of people's conversations. Listen to the conversations and identify the academic subject that is being discussed. Each statement will be repeated twice.

1. la lingua francese	le scienze naturali	la storia
2. la sociologia	la matematica	le lettere
3. la matematica	le lettere	l'economia
4. l'arte	la giurisprudenza	la filosofia
5. la biologia	il giornalismo	la fisica
6. l'informatica	la storia dell'arte	l'inglese
7. la matematica	l'economia	l'arte
8. la storia	la fisica	la biologia

STRUTTURA 4

Il presente indicativo di *avere* e gli usi idiomatici (*Present tense of avere (to have) and idiomatic uses*)

Track 1-16

1-16. Il verbo *avere*. Listen to the model sentence. Then conjugate the verb **avere** according to each new subject given. Repeat the correct response after the speaker.

1. _____   5. _____

2. _____   6. _____

3. _____   7. _____

4. _____   8. _____

Track 1-17

1-17. Cosa succede a Dolores? Listen to the following statements about Dolores and her day. Select the **idiomatic expression** that best matches what Dolores is experiencing. Each description will be repeated twice.

1. a. Dolores ha sete.   b. Dolores ha fame.

2. a. Dolores ha freddo.   b. Dolores ha paura.

3. a. Dolores ha bisogno di profumo.   b. Dolores ha bisogno di euro.

4. a. Dolores ha sete.   b. Dolores ha fame.

5. a. Dolores ha sonno.   b. Dolores ha torto.

6. a. Dolores ha caldo.   b. Dolores ha fretta.

Track 1-18

1-18. Marta all'Orientale. Listen while Marta describes the people and places at the **Università degli Studi di Napoli – L'Orientale**. If what she says sounds **positive**, select the plus sign, if what she says sounds **negative**, select the minus sign. Each phrase will be repeated twice.

1. + –   5. + –   9. + –

2. + –   6. + –   10. + –

3. + –   7. + –

4. + –   8. + –

Buono e *bello*

Track 1-19

1-19. Che buone notizie! A friend calls Paolo with good news and other observations. Using the expressions below, help Paolo respond with the correct expression for each piece of news he hears. Each phrase will be repeated twice.

A	B
____ 1.	a. Buon viaggio!
____ 2.	b. Buona lezione!
____ 3.	c. Buona notte!
____ 4.	d. Buon'idea!
____ 5.	e. Buon compleanno!
____ 6.	f. Buon appetito!

Track 1-20

1-20. Che bello! Marta is in a great mood and compliments everything she sees. Listen to the nouns, then write the correct form of **bello** for each noun you hear. You will hear each noun only once. Repeat the correct response after the speaker.

Esempio   You hear: chiesa
You write: *bella chiesa*
You say: *Che bella chiesa!*

1. Che _____!
2. Che _____!
3. Che _____!
4. Che _____!
5. Che _____!
6. Che _____!
7. Che _____!
8. Che _____!
9. Che _____!
10. Che _____!

CAPITOLO 2

LA VITA IN PIAZZA E IN FAMIGLIA

PRONUNCIA

Track 2-1

2-1. La lettera g. When the letter *g* is combined with *i* or *e*, the *g* sound is soft—**suoni dolci**. When it is combined with *a*, *o*, or *u*, the sound is hard—**suoni duri**. Read and repeat the following syllables after the speaker.

gi	ge	ga	go	gu

Track 2-2

2-2. Ancora la lettera g. When the letter *g* is combined with *li*, the sound is *ill* as in *million*. Compare the different *g* sounds as you read and repeat the following words after the speaker. Each word will be said once.

figlio	gondola	famiglia	figlia	gelato
degli	giorno	luglio	regolare	sveglia
soggiorno	genitori	lavastoviglie	gioie	giardino

Track 2-3

2-3. La combinazione gn. In Italian, *gn* sounds like the middle sound "nio" in the English word *onion*. Read and repeat the following words after the speaker. Each word will be said once.

matrigna	patrigno	cognato	signora	signore
bagno	lasagne	ogni	gnocchi	

Track 2-4

2-4. Quanti siete in famiglia? Listen to the Italian vocabulary for different family members, which are all singular. Each word will be said once. Restate each word, changing the noun and article into the **plural** form. Repeat the correct response after the speaker.

Esempio You hear: la madre

You write and say: *le madri*

1. _____   4. _____

2. _____   5. _____

3. _____   6. _____

166 CAPITOLO 2

2-5. Identifichiamo i parenti. Listen to the following descriptions and select the family member that is being described. Each phrase will be repeated twice.

1. a. fratelli   b. sorelle   c. cugini

2. a. nipote   b. nuora   c. nonno

3. a. genero   b. patrigno   c. nipote

4. a. suocera   b. nipote   c. zia

5. a. zio   b. nonno   c. padre

6. a. parenti   b. gemelli   c. fratellastri

7. a. zio   b. nonno   c. nipote

8. a. fratello maggiore   b. fratello minore   c. gemelli

STRUTTURA 1

Aggettivi possessivi e pronomi (*Possessive adjectives and pronouns*)

Track 2-6

2-6. La famiglia di Antonio. Isabella is trying to identify a member of Antonio's family at a reunion, but she keeps getting the facts wrong! Correct her statements using the family member vocabulary provided below. Each statement will be said once. Repeat the correct response after the speaker.

Esempio   You hear: Ecco suo nipote!

           You see: la nipote

           You say: *No, ecco sua nipote!*

1. sorella   4. nonna

2. madre   5. zii

3. cugini   6. fratelli

2-7 Trovato! Reassure Antonio that you've found what he's missing! Listen to his question, then answer it by changing the **possessive adjective** appropriately. Repeat the correct answer after the speaker.

Esempio   You hear: Dov'è la mia macchina?

You write: Ecco *la tua* macchina!

You say: *Ecco la tua macchina!*

1. Ecco _____ agenda!

2. Ecco _____ libro!

3. Ecco _____ regali!

4. Ecco _____ amica!

5. Ecco _____ classe!

6. Ecco _____ cugini!

2-8. Di che cosa parlano? Listen to the descriptions of what people own; then select the item that is being described. Each statement will be repeated twice.

Esempio   You hear: Il mio è nell'aula a sinistra.

You select: *a. corso d'italiano*

1. a. il libro   b. la macchina

2. a. le amiche   b. gli amici

3. a. il professore   b. la professoressa

4. a. i telefonini   b. le lezioni

5. a. il libro   b. la penna

6. a. il libro   b. la penna

7. a. gli amici   b. le amiche

8. a. i gelati   b. le lezioni

2-9. Ancora un po' di pronuncia. The first time you hear each sentence, simply read along and listen. The second time you hear the sentence, repeat after the speaker.

1. Mercoledì mia zia mangia la pizza con mio zio a Marostica.

2. Visitiamo Verona? Volentieri!

3. Sabato la signora studia lo spagnolo.

4. Perché tuo padre passa per Padova?

5. Papà ha una passione per i palazzi di Palladio!

2-10. Come si dice? Chiediamo. Listen to a series of answers; each will be repeated twice. Select the question that corresponds to the answer you hear.

Esempio You hear: Abito a Verona.

You select: *a. Dove abiti?*

1. a. Hai sete?		b. Hai fame?
2. a. Comprate un libro su Marx?		b. Comprate un libro su Palladio?
3. a. Aspetti il professore?		b. Aspetti l'autobus?
4. a. Chi è la ragazza?		b. Chi è il ragazzo?
5. a. Com'è Piazza San Marco?		b. Dov'è Piazza San Marco?
6. a. Quando andate a scuola?		b. Quando andate a casa?

2-11. Le conversazioni per la strada. As you walk, you overhear several conversations. Listen to the exchanges, then select **VERO** if the statement below is *true*, or **FALSO** if it is *false*. Each exchange will be repeated twice.

Conversazione I

1. Bruno non è uno studente.	VERO	FALSO
2. Il professor Martini insegna storia dell'arte.	VERO	FALSO

Conversazione II

3. I biglietti sono per un'opera all'arena di Verona.	VERO	FALSO
4. L'opera si chiama *La Traviata*.	VERO	FALSO

Conversazione III

5. I parenti di Antonio arrivano sabato.   VERO   FALSO

6. Antonio invita il suo amico a casa sua sabato.   VERO   FALSO

Conversazione IV

7. Stefania è l'amica di Silvia.   VERO   FALSO

8. Il ragazzo ha un'amica che si chiama Stefania.   VERO   FALSO

Conversazione V

9. L'amica italiana di Bruno ha uno zaino rosso.   VERO   FALSO

10. La ragazza americana ha uno zaino rosso.   VERO   FALSO

Conversazione VI

11. Il marito della signora Carlini sta molto male.   VERO   FALSO

12. Oggi è il compleanno del marito della signora Carlini.   VERO   FALSO

Track 2-12

2-12. Come rispondiamo? Listen to the following questions and then choose an answer for each one from the selection below. Each question will be repeated twice.

A	B
_____ 1.	a. Abbiamo tre lezioni oggi.
_____ 2.	b. Mangio al Bar Angelo.
_____ 3.	c. Mangio con Anna e Susanna.
_____ 4.	d. Ci incontriamo a mezzogiorno.
_____ 5.	e. Il nuovo studente si chiama Renzo.
_____ 6.	f. Stiamo molto bene, grazie.
_____ 7.	g. È bravo in matematica.
_____ 8.	h. Hanno dei panini deliziosi ed un ottimo gelato.

STRUTTURA 2

Verbi regolari in *-are* (*Regular verbs ending in* -are)

Track 2-13

2-13. Tutti mangiano la pizza! Listen to the model sentence. Form new sentences by substituting the nouns or pronouns given. Repeat each correct response after the speaker.

Esempio You see and hear: Io mangio la pizza.

You hear: Tu

You write: *Tu mangi*

You say: *Tu mangi la pizza.*

A. Io gioco a tennis.

1. _____   2. _____   3. _____   4. _____

B. La Signora Rossi guarda la televisione.

5. _____   6. _____   7. _____   8. _____

C. Io pago un euro per il cappuccino.

9. _____   10. _____   11. _____   12. _____

D. Tu non ascolti in classe.

13. _____   14. _____   15. _____   16. _____

Track 2-14

2-14. Chi è? Listen to each sentence and select the **subject** of the verb you hear. Each sentence will be repeated twice.

Esempio You hear: Vado al centro con gli amici.

You select: *io*

1. io   tu   lui   lei   noi   voi   loro
2. io   tu   lui   lei   noi   voi   loro
3. io   tu   lui   lei   noi   voi   loro
4. io   tu   lui   lei   noi   voi   loro
5. io   tu   lui   lei   noi   voi   loro
6. io   tu   lui   lei   noi   voi   loro
7. io   tu   lui   lei   noi   voi   loro
8. io   tu   lui   lei   noi   voi   loro

STRUTTURA 3

Verbi riflessivi e azioni reciproche in *-are* (*Reflexive verbs and reciprocal actions in* -are)

Track 2-15

2-15. Mi chiamo Roberto. Listen to the model sentence. Form new sentences by substituting the nouns or pronouns given. Repeat each correct response after the speaker.

Esempio   You hear and read: Io mi lavo i denti.

You hear: voi

You write: *Voi vi lavate*

You say: *Voi vi lavate i denti.*

A. Io mi chiamo Roberto.

1. _____   2. _____   3. _____

B. Tu ti addormenti in classe.

4. _____   5. _____   6. _____

C. Il bambino non si lava.

7. _____   8. _____   9. _____

D. Noi ci prepariamo per l'esame.

10. _____   11. _____   12. _____

E. La ragazza si pettina la mattina.

13. _____   14. _____   15. _____

Track 2-16

2-16. Riflessivo... o no? Listen as the speaker reads the sentences below. Each will be repeated twice. Select **riflessivo** if the verb you hear is *reflexive* or **non-riflessivo** if it is *non-reflexive.*

1. riflessivo / non-riflessivo   5. riflessivo / non-riflessivo

2. riflessivo / non-riflessivo   6. riflessivo / non-riflessivo

3. riflessivo / non-riflessivo   7. riflessivo / non-riflessivo

4. riflessivo / non-riflessivo   8. riflessivo / non-riflessivo

Track 2-17

2-17. Dove ci troviamo? Listen to the descriptions of various activities. Then select the letter of the area inside or outside the house where the activity is likely to occur. Each phrase will be repeated twice.

1. a. il bagno   b. la cucina   c. lo studio

2. a. il bagno   b. la cucina   c. il soggiorno

3. a. il bagno   b. la camera da letto   c. lo studio

4. a. il bagno   b. la cucina   c. lo studio

5. a. il garage   b. la cucina   c. il soggiorno

6. a. il bagno   b. il giardino   c. la camera da letto

Track 2-18

2-18. I verbi reciproci. You will hear a phrase describing an action. Write each phrase using a **reciprocal form** of the verb. Repeat the correct response after the speaker.

Esempio   You hear: Lui guarda lei e lei guarda lui.

           You write and say: *Loro si guardano.*

1. _____

2. _____

3. _____

4. _____

5. _____

6. _____

2-19. Le parole mancanti. Antonio was writing an e-mail to Bruno about things to do in Verona when he discovered that his computer had a virus that was deleting some of the words in his message! Read and listen as the e-mail is repeated twice. Write in the words that are missing.

Da	Antonio@yahoo.email.it
A	Bruno@yahoo.email.it
Oggetto:	Verona!

Caro Bruno,

sono così contento che tu (1.) _____ la (2.) _____ città, Verona!

(3.) _____ con tuo cugino, no? Dove (4.) _____ la notte? In quale

albergo?

Non (5.) _____ di visitare l'Arena, dove tutti gli amanti dell'opera

(6.) _____ la musica di Verdi. Quando (7.) _____ fame,

(8.) _____ alla Bottega dei Vini. (9.) _____ un ristorante fantastico!

Ma (10.) _____ prima in banca perché il ristorante (11.) _____

molto! Io sono con voi sabato, così, (12.) _____ insieme alla casa di

Giulietta, e (13.) _____ una passeggiata in centro!

Ecco il mio numero di telefono: (14.) _____. Se (*If*) tu (15.) _____

stasera, (16.) _____ di tutte le cose divertenti da fare a Verona!

A presto, Antonio

STRUTTURA 4

Verbi irregolari in *-are (Irregular verbs in* -are)

Track 2-20

2-20. Dove andiamo? From what you have learned about the Veneto region, select the destination city from the list below to say where the following people are going. Use the verb *andare* to form a complete sentence. (Some cities will be visited more than once.) Each prompt will be repeated twice. Repeat the correct response after the speaker.

Verona	Venezia	Treviso	Marostica

Esempio   You hear: La signora desidera visitare Piazza San Marco.
You write and say: *Lei va a Venezia.*

1. _____

2. _____

3. _____

4. _____

5. _____

6. _____

Track 2-21

2-21. Stai attento! Listen as each phrase is read twice. Select the most appropriate conclusion to the phrases you hear.

1. a. ...hanno un esame domani.   b. ...fanno la spesa.

2. a. Stai male.   b. Stai bene.

3. a. Facciamo colazione.   b. Facciamo una passeggiata.

4. a. ...mi dai un piede?   b. ...mi dai una mano?

5. a. Tu stai benissimo!   b. Tu stai attento!

6. a. Siamo al mercato!   b. Siamo in biblioteca!

CAPITOLO 3

LO SPORT IN PIAZZA

PRONUNCIA

Track 3-1

3-1. Le doppie. Pratichiamo le parole con le doppie. Ascolta e ripeti le seguenti parole.

cappello	gianduiotto	pattini	bicicletta	maglietta	giacca
ragazzo	cappuccino	spaghetti	Giovanni	oggi	giallo

Track 3-2

3-2. Ripetiamo. Ascolta e ripeti le seguenti frasi.

1. In autunno Roberto si mette una giacca e gira Torino in bicicletta.
2. In inverno Stefano si mette i pantaloni da neve e fa il pattinaggio sul ghiaccio.
3. Paoletta prende una pizzetta in piazza dove ammira i palazzi pittoreschi.
4. D'estate Mario mangia il gelato al mirtillo al mare con la mamma.

Track 3-3

3-3. Una o due? Ascolta la lista di parole. Ogni parola sarà ripetuta due volte. Indica se ci sono le consonanti doppie o no.

	MM	M	NN	N			MM	M	NN	N
1.						9.				
2.						10.				
3.						11.				
4.						12.				
5.						13.				
6.						14.				
7.						15.				
8.						16.				

3-4. Qual è la stagione? Ascolta le quattro descrizioni di stagioni diverse. Ogni descrizione sarà ripetuta due volte. Indica la stagione corrispondente in ogni descrizione.

1. autunno   inverno   primavera   estate

2. autunno   inverno   primavera   estate

3. autunno   inverno   primavera   estate

4. autunno   inverno   primavera   estate

Track 3-5

3-5. Che tempo fa? Guarda le immagini qui sotto e ascolta le descrizioni del tempo. Ogni descrizione sarà ripetuta due volte. Per ogni descrizione, scegli l'immagine corrispondente.

1. _____

2. _____

3. _____

4. _____

5. _____

a.

b.

c.

d.

e.

© Cengage Learning 2015

3-6. Non è vero! Ascolta le previsioni del tempo. Per ogni previsione, offri il contrario! Ripeti la risposta corretta.

    Esempio   Senti: C'è la nebbia.

                    Scrivi e dici: *C'è il sole.*

1. _____   2. _____   3. _____

4. _____   5. _____

Track 3-7

3-7. E adesso, che tempo fa? Ascolta i commenti di queste persone. Ogni commento sarà ripetuto due volte. Per ogni commento, scegli la previsione corretta.

1. a. È sereno e fa caldo.   b. Piove e fa freddo.

2. a. Fa molto caldo; c'è afa.   b. Fa bel tempo ma non fa troppo caldo.

3. a. Nevica e fa molto freddo.   b. Piove e fa fresco.

4. a. È sereno.   b. Tira molto vento.

Track 3-8

3-8. Chi è? Ascolta le descrizioni di come sono vestite queste quattro persone. Ogni descrizione sarà ripetuta due volte. Metti il numero della descrizione accanto all'ilustrazione corretta.

_____ a.   _____ c.

_____ b.   _____ d.

Track 3-9

3-9. Quale sport praticano? Ascolta le descrizioni di cinque sport due volte. Per ogni numero, indica lo sport che praticano.

1. a. il nuoto   b. il calcio

2. a. il ciclismo   b. l'alpinismo

3. a. il tennis   b. il calcio

4. a. lo sci   b. lo yoga

5. a. la vela   b. il pattinaggio

Track 3-10

3-10. Ancora un po' di pronuncia. Ripeti le parole. Fai attenzione alla differenza nella pronuncia tra una "l" e doppia "ll".

allo   pallone   delle   cappello   belli   tranquillo   castello   Isabella

calcio   albergo   sole   vela   felpa   viola   male   cioccolato

A luglio, Laura legge un lungo libro all'ombra di un albero.

Il piccolo Lello vuole il gelato al limone.

La libreria in via Bertola vende libri in molte lingue.

STRUTTURA 1

Preposizioni semplici e articolate (*Simple and Compound Prepositions*)

Track 3-11

3-11. Quale preposizione? Leggi e ascolta le frasi. Finisci ogni frase con le parole corrette. Ripeti la frase corretta.

a casa   da Torino   di Torino   in banca   per la nonna

1. Ho bisogno di soldi. Vado _____.

2. È tardi e sono stanchissima! Torniamo _____.

3. Angelo è italiano. Lui è piemontese; è _____.

4. Il treno per Milano parte _____.

5. I fiori sono _____.

3-12. Dove sono? Ascolta le quattro conversazioni. Ogni conversazione sarà ripetuta due volte.

Per ogni conversazione, indica dove si trovano le persone e cosa fanno.

1. a. Fanno shopping in centro.   b. Prendono il sole al mare.

2. a. Guidano in centro.   b. Camminano in montagna.

3. a. Guardano la partita allo stadio.   b. Guardano lo spettacolo a teatro.

4. a. Studiano a casa.   b. Studiano in biblioteca.

STRUTTURA 2

Verbi in -ere (*Verbs Ending in* -ere)

3-13. Chi è? Ascolta le frasi due volte. Indica **il soggetto** di ogni frase.

1. io   tu   lui   lei   noi   voi   loro

2. io   tu   lui   lei   noi   voi   loro

3. io   tu   lui   lei   noi   voi   loro

4. io   tu   lui   lei   noi   voi   loro

5. io   tu   lui   lei   noi   voi   loro

6. io   tu   lui   lei   noi   voi   loro

3-14. Pratichiamo i verbi in -ere. Trasforma la frase con ogni nuovo soggetto come nell'esempio.

Ripeti la risposta corretta.

Esempio   Senti e vedi: Io leggo il libro.   Scrivi: *leggono*

Senti: gli studenti   Dici: *Gli studenti leggono il libro.*

A. Io leggo il libro.

1. _____   2. _____   3. _____   4. _____   5. _____

B. Noi ridiamo.

6. _____   7. _____   8. _____   9. _____   10. _____

C. I bambini corrono al parco.

11. _____   12. _____   13. _____   14. _____   15. _____

3-15. Shopping in via Roma. Mentre Federica si prepara per fare shopping in centro, lei sente questo annuncio pubblicitario alla radio. Ascolta bene. L'annuncio sarà ripetuto due volte. Poi ascolta le frasi che seguono e indica se sono **vere** o **false**.

    1. Vero   Falso   4. Vero   Falso

    2. Vero   Falso   5. Vero   Falso

    3. Vero   Falso   6. Vero   Falso

3-16. Mettersi. Trasforma la frase con ogni nuovo soggetto. Ripeti la risposta corretta.

    Esempio   Senti: In inverno mi metto i guanti. gli studenti

                   Scrivi: *si mettono*

                   Dici: *Gli studenti si mettono i guanti.*

    1. _____   2. _____   3. _____

    4. _____   5. _____

3-17. Sempre in ritardo! Federica non è mai puntuale. Per ogni frase che senti, aggiungi 10 minuti per dire esattamente quando arriva. Le frasi saranno ripetute due volte. Ripeti la frase corretta. Segui l'esempio:

    Esempio   Senti: Federica arriva alle cinque meno dieci.

                   Scrivi: *cinque*

                   Dici: *Federica arriva alle cinque!*

    1. _____   2. _____   3. _____

    4. _____   5. _____   6. _____

STRUTTURA 3

Verbi modali: *volere, dovere, potere* (*Modal Verbs:* to want to, to have to, to be able to)

Track 3-18

3-18. I desideri. Ascolta e leggi le frasi. Poi ripeti la frase sostituendo (*substituting*) il verbo *desiderare* con la forma corretta del verbo *volere*. Ripeti la frase corretta.

1. Desideri fare alpinismo. _____

2. Desidero una pizza. _____

3. Desidera un espresso, Signora? _____

4. Desideriamo vedere un film. _____

5. Desiderano ricevere molti regali. _____

6. Desiderate visitare il mercato a Cuneo. _____

Track 3-19

3-19. Chi sa? Ascolta e leggi le frasi. Poi ripeti la frase sostituendo il verbo *sapere* con la forma corretta del verbo *potere*. Ripeti la frase corretta.

1. Io so parlare francese. _____

2. Roberto non sa sciare. _____

3. Noi sappiamo cucinare. _____

4. Tu e Paolo sapete ballare bene. _____

5. Tu sai nuotare? _____

6. Tutti sanno leggere una pianta della città! _____

3-20. Roberto è ancora perso! Questa volta la professoressa aiuta Roberto a trovare la strada che va dalla via Piave al Duomo. Leggi le indicazioni, poi ascolta le frasi e indica se sono **vere** o **false**.

Roberto, ecco, tu sei in Via Piave e vuoi andare al Duomo: va bene, prendi questa strada a destra, si chiama Via San Domenico, e vai diritto fino a Via delle Orfane. Quando arrivi a Via delle Orfane, vai ancora a destra e prendi Via delle Orfane fino a Via della Corte d'Appello. Vai a sinistra per arrivare a Via della Corte d'Appello. Vai sempre diritto perché Via della Corte d'Appello porta a Via 4 Marzo, e Via 4 Marzo porta direttamente a Piazza San Giovanni dove c'è il Duomo! Capisci?

1. Vero   Falso

2. Vero   Falso

3. Vero   Falso

4. Vero   Falso

5. Vero   Falso

6. Vero   Falso

STRUTTURA 4

Verbi in *-ire (Verbs ending in* -ire)

Track 3-21

3-21. Quale verbo? Ascolta le frasi due volte. Scrivi **l'infinito** per ogni verbo che senti, come nell'esempio.

Esempio   Senti: Ballano il tango.

            Scrivi: *ballare*

1. _____   5. _____

2. _____   6. _____

3. _____   7. _____

4. _____   8. _____

3-22. I verbi irregolari in -ire. Ascolta bene le domande. Ogni domanda sarà ripetuta due volte. Rispondi con la forma corretta del verbo. Usa l'informazione scritta per creare una frase completa, come nell'esempio. Ripeti la frase corretta.

Esempio   Leggi: il sabato

Senti: Esci spesso con gli amici?

Scrivi e dici: *Esco il sabato con gli amici.*

1. in autobus: _____

2. al mare: _____

3. in ritardo: _____

4. "Ciao!": _____

5. "Buongiorno": _____

6. "Scusi": _____

7. ragazzi, da quella porta a destra: _____

CAPITOLO 4

CHE BELLO SPETTACOLO IN PIAZZA!

Pronuncia

Track 4-1

4-1. Umbria. Ascolta e ripeti i nomi delle seguenti città in Umbria. Queste città sono esempi di dittonghi, una unione di due vocali pronunciata come un suono.

Chiusi, Gubbio, Norcia, Orvieto, Perugia, Pieve,

Sempre in Umbria, ascolta e ripeti i nomi di queste città. Notate la combinazione *gn*.

Bevagna, Foligno, Passignano sul Trasimeno

Track 4-2

4-2. Facciamo le domande. La costruzione di una frase italiana non cambia per creare una domanda, ma l'intonazione cambia. Ascolta e ripeti le seguenti domande e frasi.

1. San Francesco è nato ad Assisi.

2. San Francesco è nato ad Assisi?

3. C'è il Festival dei Due Mondi a Spoleto.

4. C'è il Festival dei Due Mondi a Spoleto?

5. Carlo ha suonato il sassofono al concerto.

6. Carlo ha suonato il sassofono al concerto?

7. Gli studenti ascoltano e ripetono gli esercizi in classe.

8. Gli studenti ascoltano e ripetono gli esercizi in classe?

4-3. Domanda o no? Ascolta le seguenti frasi e indica l'intonazione. Ogni frase sarà ripetuta due volte.

	Domanda: ⬆	Frase: ⬇
1.		
2.		
3.		
4.		
5.		
6.		
7.		
8.		

4-4. Un concerto di musica classica. Ascolta le descrizioni di certe persone che partecipano a un concerto di musica classica. Indica chi sono:

1. cantautore   cantante   direttore   musicista   pubblico

2. cantautore   cantante   direttore   musicista   pubblico

3. cantautore   cantante   direttore   musicista   pubblico

4. cantautore   cantante   direttore   musicista   pubblico

5. cantautore   cantante   direttore   musicista   pubblico

4-5. Quale musica ascolti? Queste persone descrivono la loro musica preferita. Indica quale tipo di musica preferiscono.

1. classica	opera	rock	jazz	rap
2. classica	opera	rock	jazz	rap
3. classica	opera	rock	jazz	rap
4. classica	opera	rock	jazz	rap
5. classica	opera	rock	jazz	rap

STRUTTURA 1

Pronomi di oggetto diretto (*Direct-object pronouns*)

Track 4-6

4-6. Troppo curiosa! Marisa tormenta Dario con le sue domande. Per ogni domanda, fai la parte di Dario e rispondi con **il pronome diretto** corretto. Ripeti la risposta corretta. Segui l'esempio.

Esempio   Senti: Prendi il caffè la mattina?
 Scrivi: *lo prendo*
 Dici: *Sì, lo prendo.*

1. Sì _____.

2. Sì _____.

3. Sì _____.

4. No, non _____.

5. No, non _____.

6. Sì _____.

7. No, non _____.

8. Sì _____.

Track 4-7

4-7. Di che cosa o di chi parlano? Dario aspetta Marisa al bar in piazza e ascolta le conversazioni delle altre persone sedute (*seated*) accanto a lui. Ogni conversazione sarà ripetuta due volte. Fai attenzione **ai pronomi diretti** e indica quale può essere l'argomento (*subject*) della conversazione. Segui l'esempio.

Esempio   Senti: No, non mi va. L'ho bevuto stamattina!
　　　　　Allora non lo prendiamo al bar oggi.
　　　　　Scegli: *b. Parlano del caffè.*

1. a. Parlano delle sorelle di lei.　　　　b. Parlano dei fratelli di lei.

2. a. Parlano dell'autobus.　　　　b. Parlano della macchina.

3. a. Parlano delle segretarie nell'ufficio di lui.　　　　b. Parlano dei colleghi nell'ufficio di lui.

4. a. Parlano del treno.　　　　b. Parlano della finestra.

STRUTTURA 2

Il passato prossimo con *avere* (*Simple past with* avere)

Track 4-8

4-8. Pratichiamo! Trasforma la frase con ogni nuovo soggetto, come nell'esempio. Ripeti la risposta corretta.

Esempio   Senti e vedi: Maria ha ballato il tango.
　　　　　Senti: Gianni e Maria
　　　　　Scrivi: *hanno ballato*
　　　　　Dici: *Gianni e Maria hanno ballato il tango.*

A. La signora Eva ha voluto vedere il concerto.

1. _____ 2. _____ 3. _____ 4. _____

B. La signora Eva ha comprato il biglietto.

5. _____ 6. _____ 7. _____ 8. _____

C. La signora Eva ha sentito la musica classica.

9. _____ 10. _____ 11. _____ 12. _____

Track 4-9

4-9. Ecco, perché... Ascolta ogni frase e indica la ragione che spiega meglio (*explains best*) la situazione descritta nelle frasi. Segui l'esempio.

Esempio   Senti: Oggi a Lucia fanno male le gambe perché...

Scegli: *a. ieri ha giocato a tennis per due ore.*

1. a. abbiamo guardato la partita di tennis.   b. abbiamo studiato per molte ore in biblioteca.

2. a. hanno bevuto molto latte.   b. hanno mangiato una grande pizza.

3. a. ha chiamato l'amica ieri.   b. non ha chiamato l'amica ieri.

4. a. hai messo un abito.   b. hai preso un'aspirina.

5. a. non ha dormito ieri notte.   b. ha dormito troppo ieri notte.

6. a. non hanno portato la macchina.   b. non hanno portato il gatto.

7. a. ho perso le chiavi.   b. ho pulito la casa.

8. a. avete già visto il film.   b. avete già fatto i compiti.

Track 4-10

4-10. Dal presente al passato. Ascolta e trasforma ogni verbo **dal presente al passato**. Ripeti la risposta corretta.

Esempio   Senti: Suono il flauto.

Scrivi: *Ho suonato*

Dici: *Ho suonato il flauto.*

1. _____
2. _____
3. _____
4. _____
5. _____
6. _____
7. _____
8. _____

4-11. Quale verbo? Ascolta la lista di participi passati irregolari. Per ogni **participio,** metti la lettera del **verbo all'infinito** corretto.

A	B
___ 1.	a. chiudere
___ 2.	b. dire
___ 3.	c. fare
___ 4.	d. leggere
___ 5.	e. mettere
___ 6.	f. perdere
___ 7.	g. scrivere
___ 8.	h. vedere

4-12. Una o due? Leggi e ripeti le parole e le frasi. Fai attenzione alla pronuncia.

1. Una "t": parlato, sentito, ricevuto, chitarra, flauto, tuba, concerto, cantante

2. Doppia "tt": corretto, detto, fatto, letto, notte, ottobre, perfetto, scritto

4-13. Ancora pronuncia. Leggi e ripeti ancora.

1. Tommaso suona la batteria insieme con Teo e Toni.

2. Il tenore torna a Todi in treno.

3. Ti ho detto di non toccare il trombone!

4. La biglietteria apre alle sette di sera, Signora.

5. C'è uno spettacolo sabato di musica per la fisarmonica a Spoleto? Stupendo!

Track 4-14

4-14. Cosa vogliamo vedere al cinema? Ascolta la lista di film in programmazione al Cinema Odeon. Indica il genere di ogni film.

1. cartoni animati   commedia   documentario   fantascienza   giallo   orrore

2. cartoni animati   commedia   documentario   fantascienza   giallo   orrore

3. cartoni animati   commedia   documentario   fantascienza   giallo   orrore

4. cartoni animati   commedia   documentario   fantascienza   giallo   orrore

5. cartoni animati   commedia   documentario   fantascienza   giallo   orrore

6. cartoni animati   commedia   documentario   fantascienza   giallo   orrore

STRUTTURA 3

Il passato prossimo con *essere* (*Simple past with* essere)

Track 4-15

4-15. Pratichiamo! Trasforma la frase con ogni nuovo soggetto, come nell'esempio. Ripeti la frase corretta.

     Esempio   Senti e vedi: Maria è andata al concerto.

                 Senti: Gianni e Maria

                 Scrivi: *sono andati*

                 Dici: *Gianni e Maria sono andati al concerto.*

A. La Signora Eva è andata a teatro.

   1. _____   2. _____   3. _____   4. _____

B. Il cantante è caduto dal palcoscenico.

   5. _____   6. _____   7. _____   8. _____

C. L'attore è tornato a teatro.

   9. _____   10. _____   11. _____   12. _____

4-16. Chi l'ha fatto o chi è stato? Ascolta le frasi. Ogni frase sarà ripetuta due volte. Scegli il soggetto corretto della frase.

1. a. Dario   b. Anna   c. Dario e Roberto   d. Anna e Maria

2. a. Dario   b. Anna   c. Dario e Roberto   d. Anna e Maria

3. a. Dario   b. Anna   c. Dario e Roberto   d. Anna e Maria

4. a. Dario   b. Anna   c. Dario e Roberto   d. Anna e Maria

5. a. Dario   b. Anna   c. Dario e Roberto   d. Anna e Maria

6. a. Dario   b. Anna   c. Dario e Roberto   d. Anna e Maria

7. a. Dario   b. Anna   c. Dario e Roberto   d. Anna e Maria

8. a. Dario   b. Anna   c. Dario e Roberto   d. Anna e Maria

4-17. Presente o passato? Ascolta le seguenti frasi. Ogni frase sarà ripetuta due volte. Indica se la frase è **al presente** o **al passato.**

	Presente	Passato prossimo
1.		
2.		
3.		
4.		
5.		
6.		
7.		
8.		

STRUTTURA 4

Accordo tra participio passato e pronomi di oggetto diretto (*Agreement between past participle and direct-object pronouns*)

Track 4-18

4-18. Chi hai visto? Marisa vuole sapere tutti i dettagli del film che hai visto ieri sera. Rispondi con **il pronome di oggetto diretto** appropriato. Ripeti la risposta corretta. Segui l'esempio.

> **Esempio**   Senti: Hai visto Anna?
>
> Scrivi e dici: *L'ho vista*.

1. _____

2. _____

3. _____

4. _____

5. _____

6. _____

Track 4-19

4-19. Dimmi quando, quando, quando... Ecco diverse risposte ma qual è la domanda? Per ogni risposta, metti la lettera della domanda corretta dalla lista qui sotto.

a. Da quanto tempo?	c. Quanto tempo fa?
b. Per quanto tempo?	d. Quando?

1. _____   5. _____

2. _____   6. _____

3. _____   7. _____

4. _____   8. _____

FESTE IN PIAZZA

PRONUNCIA

Track 5-1

5-1. Scioglilingua (*Tongue Twister*). Ogni scioglilingua sarà ripetuto due volte. La prima volta, leggi e ascolta; la seconda volta, ripeti lo scioglilingua.

1. Porta aperta per chi porta.
   Chi non porta, parta pure
   poco importa.

2. Ciò che è, è;
   ciò che non è, non è;
   ciò che è, non è ciò che non è;
   ciò che non è, non è ciò che è.

3. Eva dava l'uva ad Ava;
   Ava dava uova ad Eva;
   ora Eva è priva d'uva,
   mentre Ava è priva d'uova.

Track 5-2

5-2. Le feste. Ascolta le liste di parole associate a certe feste. Ogni lista sarà ripetuta due volte. Indica quale festa può essere abbinata alle cose menzionate.

Capodanno	L'Epifania	San Valentino	Carnevale
La Festa della Donna	Pasqua	Chanukah	Natale

1. _____

2. _____

3. _____

4. _____

5. _____

6. _____

7. _____

8. _____

5-3. Di quale festa parlano? Mentre cammini per la città, senti diverse conversazioni. Di quale festa parlano? Ascolta e indica quale festa può essere associata alle frasi. Ogni frase sarà ripetuta due volte.

1. a. Natale   b. Capodanno   c. Pasqua

2. a. Natale   b. Capodanno   c. Pasqua

3. a. Natale   b. Ferragosto   c. Pasqua

4. a. La Festa della Donna   b. La Festa della Liberazione   c. Carnevale

5. a. Carnevale   b. La Festa della Donna   c. Capodanno

6. a. Ferragosto   b. San Valentino   c. Capodanno

7. a. Carnevale   b. La Festa della Liberazione   c. Ferragosto

8. a. La Festa della Donna   b. La Festa della Liberazione   c. Carnevale

STRUTTURA 1

L'imperfetto (*Imperfect Tense*)

Track 5-4

5-4. Dal presente all'imperfetto. Ecco una lista di cose che *non* facciamo più. Cambia il verbo che senti **dal presente all'imperfetto** per indicare che una volta facevamo queste cose. Segui l'esempio e ripeti la risposta corretta.

Esempio   Senti (due volte): Mario non gioca più a tennis.
               Scrivi (a): *gioca*
               Scrivi (b): *giocava*
               Dici: *Una volta Mario giocava a tennis.*

1. a. I bambini non _____ più la televisione.   b. Una volta i bambini _____ la televisione.

2. a. Non _____ più il latino.   b. Una volta _____ il latino.

3. a. Lo zio non _____ più le sigarette.   b. Una volta lo zio _____ le sigarette.

4. a. Io e gli amici non _____
      più il sabato insieme.

   b. Una volta io e gli amici _____
      il sabato insieme.

5. a. Tu non _____ più
      le minigonne.

   b. Una volta _____ le minigonne.

6. a. Voi non _____ più
      colazione al bar ogni giorno.

   b. Una volta _____ colazione al
      bar ogni giorno.

7. a. Mia sorella non _____ più
      il latte a pranzo.

   b. Una volta _____ il latte a pranzo.

8. a. I parenti non _____ più
      da noi a Pasqua.

   b. Una volta _____ da noi a Pasqua.

Track 5-5

5-5. Dall'imperfetto al presente. Ecco, invece, una lista di cose che facciamo ancora. Cambia il verbo che senti **dall'imperfetto al presente** per indicare che facciamo ancora queste cose. Segui l'esempio e ripeti la risposta corretta.

Esempio   Senti: Da piccolo, Alberto mangiava il panettone a Natale.
           Scrivi (a): *mangiava*
           Scrivi (b): *mangia*
           Dici: *Anche adesso Alberto mangia il panettone a Natale.*

1. a. Da bambini i ragazzi _____
      a calcio.

   b. Anche adesso _____ a calcio.

2. a. Babbo Natale _____ i regali
      per tutti.

   b. Anche adesso _____ i regali
      per tutti.

3. a. A Carnevale _____ i cenci
      fritti.

   b. Anche adesso _____ i cenci fritti.

4. a. A Capodanno tu _____
      le lenticchie.

   b. Anche adesso _____ le lenticchie.

5. a. A marzo, voi _____ sempre
      le mimose.

   b. Anche adesso _____ le mimose.

6. a. I cugini _____ al Palio di
      Siena ogni anno.

   b. Anche adesso _____ al Palio
      di Siena.

7. a. Io _____ paura della Befana.   b. Anche adesso _____ paura della Befana.

8. a. _____ sempre passare il Carnevale a Venezia.   b. Anche adesso _____ passare il Carnevale a Venezia.

Track 5-6

5-6. Dettato all'imperfetto: Una giornata disastrosa. Gianni vuole sapere se la sua sorellina si ricorda di un giorno particolare: il paragrafo sarà letto <u>tre</u> volte, la prima volta leggi e ascolta, la seconda volta inserisci i verbi mancanti, la terza volta, ripeti le frasi.

Ti ricordi quel sabato fatale quando tu (1.) _____ ancora piccola ed io (2.) _____ non so… forse 12 anni? Mamma e papà (3.) _____ fuori a fare spese per Natale, io (4.) _____ studiare e tu (5.) _____ e (6.) _____ continuamente dalla mia camera! (7.) _____, (8.) _____ di qua e di là, mi (9.) _____ raccontare tremila cose. Io (10.) _____ a dare i numeri (*to go crazy*) perché tu mi (11.) _____ così tanto fastidio! Siccome ti (12.) _____ disegnare e colorare sempre, ho preparato carta, pennarelli e acquarelli per te in salotto. Così, io (13.) _____ studiare e tu (14.) _____ disegnare. Mi ricordo che all'inizio la mia idea brillante (15.) _____ funzionare: (16.) _____ un silenzio profondo in casa. Ma dopo un po' ho cominciato ad insospettirmi! E infatti, quando finalmente sono andato a controllare, ho visto che non (17.) _____ niente sulla bella carta bianca! Invece, tu (18.) _____ seduta per terra e (19.) _____ quieta e tranquillamente (20.) _____ grandi alberi di Natale dappertutto sul pavimento! Che disastro!

Track 5-7

5-7. Recitiamo famosi detti per le feste. Ogni detto sarà ripetuto due volte. La prima volta, leggi e ascolta; la seconda volta, ripeti le frasi.

1. A Carnevale ogni scherzo vale.

2. Carnevale o Quaresima—per me è la medesima.

3. La Befana vien di notte
   con le scarpe tutte rotte
   Il cappello alla romana
   Viva
   Viva la Befana!

STRUTTURA 2

Passato prossimo e imperfetto (*Past Tense and Imperfect*)

Track 5-8

5-8. Analizziamo la grammatica. La seguente storia sarà ripetuta due volte. La prima volta, ascolta; la seconda volta, indica il tempo del verbo (**passato prossimo** o **imperfetto**). Segui l'esempio.

Esempio Senti: Quando ero piccolo, dicevo sempre la verità.

Vedi: dire

☑: *Imperfetto*

Verbo	Passato prossimo	Imperfetto
1. festeggiare	☐	☐
2. invitare	☐	☐
3. giocare e mangiare	☐	☐
4. decidere	☐	☐
5. essere	☐	☐
6. lasciare	☐	☐
7. telefonare	☐	☐
8. volere e pagare	☐	☐
9. essere	☐	☐
10. incontrarsi	☐	☐
11. arrivare	☐	☐
12. potere	☐	☐
13. cercare	☐	☐
14. tornare	☐	☐

5-9. Andiamo al passato prossimo. Ascolta i verbi **all'imperfetto**, poi scrivi i verbi al **passato prossimo**. Ascolta e ripeti la risposta corretta. Segui l'esempio.

Esempio Senti: mangiavi

Scrivi e dici: *hai mangiato*

1. _____   3. _____   5. _____

2. _____   4. _____   6. _____

Track 5-10

5-10. Passato prossimo o imperfetto? Sentirai otto frasi incomplete. Ogni frase sarà ripetuta due volte. Scegli la conclusione logica. Segui l'esempio.

Esempio Senti: Ieri pioveva prima di uscire, quindi

Scegli: a. prendevo l'ombrello.   b. *ho preso l'ombrello*.

1. a. avevo dieci anni.   b. ho avuto dieci anni.

2. a. andavamo sempre dalla nonna.   b. siamo andati sempre dalla nonna.

3. a. conoscevo il mio futuro marito.   b. ho conosciuto il mio futuro marito.

4. a. preferivi?   b. hai preferito?

5. a. ha nevicato sempre.   b. nevicava sempre.

6. a. Stavi male?   b. Sei stata male?

7. a. Tornavi a casa proprio adesso?   b. Sei tornato a casa proprio adesso?

8. a. visitavamo la Toscana.   b. abbiamo visitato la Toscana.

Track 5-11

5-11. Ancora qualche proverbio. Ogni proverbio sarà ripetuta due volte. La prima volta, leggi e ascolta; la seconda volta, ripeti le frasi.

1. Ogni stagione e ogni età, ha i suoi momenti di felicità.

2. Un buon gennaio, si vendica a febbraio.

3. Non c'è marzo così bello, senza neve sul cappello.

4. Marzo pazzerello, esce il sole e prendi l'ombrello.

5. Aprile, dolce dormire.

STRUTTURA 3

Gli avverbi (*Adverbs*)

Track 5-12

5-12. Avverbi—dall'aggettivo all'avverbio. Ascolta **gli aggetivi**, poi scrivi **gli avverbi** corrispondenti. Ascolta e ripeti la risposta corretta. Segui l'esempio.

Esempio Senti: rapido

Scrivi e dici: *rapidamente*

1. _____ 3. _____ 5. _____ 7. _____

2. _____ 4. _____ 6. _____ 8. _____

Track 5-13

5-13. Avverbi—dall'avverbio all'aggettivo. Ascolta **gli avverbi**, poi scrivi **gli aggettivi** corrispondenti. Ascolta e ripeti la risposta corretta. Segui l'esempio.

Esempio Senti: rapidamente

Scrivi e dici: *rapido*

1. _____ 3. _____ 5. _____ 7. _____

2. _____ 4. _____ 6. _____ 8. _____

Track 5-14

5-14. Che significa? Ascolta le frasi, ognuna sarà ripetuta due volte. Scegli il significato **dell'avverbio**. Segui l'esempio.

Esempio Senti: Corre rapidamente.

Scegli: a. *È veloce*　　　　b. È lento

1. a. Non si vedono mai.　　　　b. Si vedono di frequente.

2. a. Prima mangio, poi esco.　　　　b. Prima esco, poi mangio.

3. a. È tardi.　　　　b. È presto.

4. a. Non è mai stata a Pitigliano.　　　　b. Viene sempre a Pitigliano.

STRUTTURA 4

Pronomi di oggetto indiretto (*Indirect-object pronouns*)

Track 5-15

5-15. Rispondi con i pronomi. Alberto ti chiede delle tue telefonate di oggi. Ogni domanda sarà ripetuta due volte. Dopo la seconda volta, rispondi con **il pronome di oggetto indiretto**.

> **Esempio** Senti: Hai telefonato allo zio?
>
> Scrivi: *gli*
>
> Dici: : Sì, *gli* ho *telefonato.*

1. Sì, _____ ho telefonato.

2. Sì, _____ ho telefonato.

3. Sì, _____ ho telefonato.

4. Sì, _____ ho telefonato.

5. Sì, _____ ho telefonato.

6. Sì, _____ ha telefonato.

Track 5-16

5-16. Chi può essere? Ascolta le frasi e indica a chi si riferisce il pronome.

1. a. a lui   b. a lei

2. a. a noi   b. a te

3. a. a noi   b. a voi

4. a. ai bambini   b. a voi

5. a. a noi   b. a voi

6. a. a te   b. a me

AL RISTORANTE DELLA PIAZZA CON I COLLEGHI

Pronuncia

Track 6-1

6-1. Dillo con il cibo. Sentirai le espressioni due volte. La prima volta ascolta; la seconda volta ripeti le parole.

1. Sei buono come il pane, dolce come il miele e tenero come il burro. (a)

2. Buon vino fa buon sangue. (b)

3. Liscio come l'olio. (c)

4. Lui non capisce nulla. Poverino, è proprio una zucca! (d)

5. Sei rosso come un pomodoro! (e)

Track 6-2

6-2. Cosa significano? Ascolta le definizioni delle frasi **dell'Attività 6-1** e cerca di abbinarle alle espressioni. Metti la lettera della definizione accanto alla frase. Sentirai ogni definizione due volte.

1. _____

2. _____

3. _____

4. _____

5. _____

6-3. Cosa pensi degli acquisti recenti? Il cuoco del Ristorante da Anna ti racconta quello che ha preso per il ristorante di recente e, nel suo entusiasmo, ripete ogni cosa due volte. Per ogni frase che senti, indica qual è la risposta adatta.

1. a. Il ristorante ha bisogno di posate.   b. Il ristorante ha bisogno di pasta.

2. a. Sono per un primo piatto.   b. Sono per un secondo piatto.

3. a. Mettiamoli in un primo piatto.   b. Mettiamoli in un antipasto.

4. a. Perfetto per un vegetariano!   b. Non va per un vegetariano.

5. a. Lo serviamo in bicchiere.   b. Lo serviamo in tazzina.

6. a. Liscia o gassata?   b. Per lavare i piatti?

7. a. Bisogna metterlo sul tavolo.   b. Bisogna metterlo in frigorifero.

8. a. Stasera offriamo un bel tiramisu.   b. Stasera offriamo una bella macedonia.

6-4. Che cosa hanno ordinato? Il cameriere del Ristorante da Anna arriva in cucina con molte ordinazioni. Sentirai le frasi due volte. Indica la categoria giusta per ogni ordinazione.

	antipasto	primo	secondo	contorno	dolce
1.	❏	❏	❏	❏	❏
2.	❏	❏	❏	❏	❏
3.	❏	❏	❏	❏	❏
4.	❏	❏	❏	❏	❏
5.	❏	❏	❏	❏	❏
6.	❏	❏	❏	❏	❏
7.	❏	❏	❏	❏	❏
8.	❏	❏	❏	❏	❏
9.	❏	❏	❏	❏	❏
10.	❏	❏	❏	❏	❏
11.	❏	❏	❏	❏	❏
12.	❏	❏	❏	❏	❏

6-5. Comprensione: Dove mangiamo? Dopo che hai ascoltato il dialogo almeno due volte, rispondi alle domande e scegli la risposta giusta.

1. Lui e lei sono al   a. ristorante.   b. bar.

2. Il menu ha   a. pocchi piatti.   b. molti piatti.

3. A lei piace   a. la bistecca.   b. la pasta.

4. A lui non piacciono   a. le fettuccine.   b. le verdure.

5. Lui vuole ordinare   a. del pesce.   b. dei funghi.

6. Lei vuole ordinare   a. il risotto.   b. il minestrone.

7. Stasera lei non vuole   a. la pasta.   b. la carne.

8. Alla fine loro   a. vanno in pizzeria.   b. rimangono e mangiano al ristorante.

STRUTTURA 1

I partitivi

6-6. Un po' di questo, un po' di quello. Ecco le cose che Vittoria ha preso al mercato all'aperto. Sentirai ogni cosa una volta. Usa **il partitivo** per dire che vuoi comprare anche tu quello che ha preso lei. Ripeti la frase giusta. Usa la forma corretta di **di + articolo** come nell'esempio.

Esempio   Senti: le carote

            Scrivi e dici: *delle carote*

1. _____

2. _____

3. _____

4. _____

5. _____

6. _____

Track 6-7

6-7. Come, scusi? Il signore anziano che lavora al supermercato vuole essere sicuro di aver capito cosa desideri comprare. Ripeti le cose che lui dice, usando i partitivi *alcuni, alcune* o *un po' di.* Sentirai ogni cosa una volta e ripeti la risposta corretta.

Esempio   Senti: delle carote

Scrivi e dici: *alcune carote*

1. _____

2. _____

3. _____

4. _____

5. _____

6. _____

STRUTTURA 2

Piacere

Track 6-8

6-8. Ti piace? Sei in autobus e ascolti le conversazioni delle altre persone. Ascolta ogni conversazione due volte e indica la conclusione logica.

Esempio   Senti: Mio fratello adora i dolci preparati in casa. Solo che non tocca roba come il gelato… è troppo freddo per lui.

Scegli: *b. Gli piace la torta al cioccolato.*

1. a. Gli piacciono le verdure.
   b. Gli piacciono i frutti di mare.

2. a. Le piace il minestrone.
   b. Le piace la zuppa inglese.

3. a. Ci piace il risotto.
   b. Ci piace la bistecca.

4. a. Mi piacciono i pomodori freschi e l'insalata.
   b. Mi piacciono i funghi fritti e la pizza.

6-9. I gusti cambiano. Marcello mangiava poco da bambino, e adesso i suoi gusti sono cambiati. Quando torna a casa, due delle sue zie si ricordano come mangiava da bambino e osservano come mangia bene adesso. Ascolta, e ripeti la frase **al presente.**

Esempio   Senti: Non gli piacevano i pomodori.

Scrivi: *gli piacciono*

Dici: *Adesso gli piacciono i pomodori.*

1. Adesso _____ il pesce.

2. Adesso _____ i broccoli.

3. Adesso _____ le olive.

4. Adesso _____ il caffé.

6-10. Ti è piaciuto? Ilaria ti parla dei piatti che ha preparato in un corso di cucina. Per ogni piatto, tu le fai una domanda **al passato prossimo.** Sentirai ogni cosa una volta. Ripeti la risposta corretta. Segui l'esempio.

Esempio   Senti: Abbiamo preparato i tortellini.

Scrivi e dici: *Ti sono piaciuti?*

1. _____   3. _____

2. _____   4. _____

6-11. Che lavoro fanno? Sei di nuovo in autobus e ascolti le conversazioni dei passeggeri. Mentre ascolti, cerchi di capire quale lavoro fanno. Sentirai ogni frase due volte.

1. a. avvocato   b. medico

2. a. professore   b. cameriere

3. a. professore   b. poliziotto

4. a. avvocato   b. cuoco

5. a. programmatore   b. parrucchiere

6. a. ingegnere   b. giornalista

7. a. parrucchiere   b. artista grafico

STRUTTURA 3

Ci e Ne

Track 6-12

6-12. Ma tu ci credi? Dina è sorpresa quando trova un vecchio amico alla Festa del Volontariato. Lui la tormenta con le sue domande, e Dina ha bisogno del tuo aiuto per rispondere. Per ogni domanda, scegli la risposta corretta dalla lista e scrivi la lettera accanto al numero della domanda. Ripeti la risposta corretta.

Esempio   Senti: Quanti anni hai adesso, Dina?

Scegli e dici: *a. Ne ho 23, e tu?*

1. _____

2. _____

3. _____

4. _____

5. _____

6. _____

a. ~~Ne ho 23, et tu?~~

b. Che peccato che non potevo andarci.

c. Ci penso a volte…

d. Sì, ne ho trovate molte!

e. Ci vengo con piacere!

f. Ne ho lette alcune sul brochure.

g. Veramente, ci sono venuta per imparare…

Track 6-13

6-13. Il mio lavoro è… Queste persone descrivono le loro professioni. Ascolta ogni descrizione due volte e indica la conclusione giusta.

1. a. ci vengono per fare colazione.   b. ci vengono per la cena.

2. a. non ci pensano più.   b. ne parlano con tutti i loro amici.

3. a. non ci parlo mai.   b. non ne parlo mai.

4. a. ci conta.   b. ne conta una.

STRUTTURA 4

Il trapassato prossimo

Track 6-14

6-14. No Marcello—è successo prima! Marcello è convinto che tutto è successo di recente ma veramente tutto era successo tanto tempo fa. Rispondi alle sue osservazioni mettendo il verbo **al trapassato**. Sentirai ogni frase due volte. Ripeti la risposta giusta. Segui l'esempio.

   Esempio   Senti: L'anno scorso hai mangiato l'aragosta per la prima volta.
   Scrivi: Veramente, *avevo* già *mangiato* l'aragosta.
   Dici: *Veramente, avevo già mangiato l'aragosta.*

   1. Macché? Voi _____ già _____ a Modena, due anni fa.

   2. No, loro non _____ mai _____ la pasta in casa prima.

   3. Ti dimentichi! Noi _____ già _____ con loro a cena, ed era un'esperienza terribile.

   4. Lui non _____ mai _____ le piadine romagnole prima della mia festa.

   5. Lei _____ già _____ una volta, tanti anni fa quando era ancora giovane, ma dopo due anni – divorzio!

   6. Io non _____ mai _____ quel ragazzo prima di stasera!

Track 6-15

6-15. Chi lo aveva fatto? Ascolta le frasi e indica **il soggetto**. Sentirai ogni frase due volte.

	io	tu	lui	lei	noi	voi	loro
1.	❑	❑	❑	❑	❑	❑	❑
2.	❑	❑	❑	❑	❑	❑	❑
3.	❑	❑	❑	❑	❑	❑	❑
4.	❑	❑	❑	❑	❑	❑	❑
5.	❑	❑	❑	❑	❑	❑	❑
6.	❑	❑	❑	❑	❑	❑	❑
7.	❑	❑	❑	❑	❑	❑	❑
8.	❑	❑	❑	❑	❑	❑	❑

6-16. Ripassiamo un po'. Di chi parlano? Sei con un gruppo di amiche in piazza, e loro parlano di diverse persone e le loro professione. Cerca di abbinare i commenti alle persone nei disegni. Sentirai ogni commento due volte.

1. _____

2. _____

3. _____

4. _____

5. _____

6. _____

7. _____

8. _____

CAPITOLO 7

IN VACANZA TRA PIAZZE E BELLEZZE NATURALI

PRONUNCIA

Track 7-1

7-1. Recitiamo: commenti famosi sulla Sicilia. Ogni commento sarà ripetuto due volte. La prima volta, leggi e ascolta; la seconda volta, ripeti il commento.

1. Di fronte m'eri, o Sicilia, o nuvola di rosa sorta dal mare! E nell'azzurro un monte: l'Etna nevosa. Salve o Sicilia! —Giovanni Pascoli

2. L'Italia senza la Sicilia non lascia immagine nello spirito: soltanto qui è la chiave di tutto. —Goethe

3. In Sicilia abbiamo tutto. Ci manca il resto. —Pino Caruso

Track 7-2

7-2. Comprensione. Ogni domanda sarà ripetuta due volte. Ascolta bene e indica la risposta.

1. a. Pascoli   b. Goethe   c. Caruso

2. a. Pascoli   b. Goethe   c. Caruso

3. a. comico / ironico   b. serio / letterale

7-3. Dove siamo? Ecco diversi frammenti di annunci e conversazioni. Ogni frammento sarà ripetuto due volte. Indica il contesto logico per ognuno.

1. _____   a. alla biglietteria della stazione ferroviaria

2. _____   b. alla reception dell'albergo

3. _____   c. in aeroplano

4. _____   d. sull'aliscafo

5. _____   e. alla fermata dell'autobus

6. _____   f. nel taxi

7. _____   g. nella sala d'attesa della stazione ferroviaria

8. _____   h. all'ufficio informazioni in centro

9. _____   i. in mezzo ad uno sciopero degli autobus

10. _____   j. in aeroporto prima di salire sull'aereo

STRUTTURA 1

Si impersonale

7-4. Come si fa? Ascolta la domanda, poi rispondi usando il verbo con il *si* impersonale. Segui l'esempio e ripeti la risposta.

Esempio   Senti: Dove troviamo le cartoline?

         Guarda: Le cartoline _____ in tabaccheria.

         Scrivi e dici: *si trovano*

1. I treni _____ in stazione.

2. Gli autobus _____ alla fermata.

3. I voli _____ all'aeroporto.

4. Le biciclette _____ in centro.

5. La cassata _____ a Palermo.

6. _____ nuotare al mare.

7. In albergo _____ con la carta di credito.

8. Ci _____ in maglietta e pantaloncini.

7-5. La conclusione corretta. Ascolta le frasi incompiute e indica la conclusione logica.

1. a. ...si paga un anticipo.   b. ...si porta la tenda.

2. a. ...quando fa fresco.   b. ...quando fa caldo.

3. a. ...per andare al museo.   b. ...per andare alla spiaggia.

4. a. ...quando si va in campeggio.   b. ...quando si va in centro.

5. a. ...in biglietteria.   b. ...in farmacia.

6. a. ...alla guida.   b. ...al cameriere.

7. a. ...la sera, al ristorante.   b. ...la mattina, al bar.

8. a. ...quando la colazione è compresa.   b. ...quando è mezzogiorno.

7-6. Recitiamo proverbi. Ogni proverbio sarà ripetuto due volte. La prima volta, leggi e ascolta; la seconda volta, ripeti il proverbio.

1. A caval donato non si guarda in bocca.   3. Al cuore non si comanda.

2. Il primo amore non si scorda mai.   4. A tavola non s'invecchia.

7-7. Completiamo le frasi. Sentirai delle frasi incompiute. Ogni frase sarà ripetuta solo una volta. Ascolta bene e completa le frasi, scegliendo le conclusioni dalla lista. Ripeti la risposta corrett.

1. ____   a. il bagno

2. ____   b. il supplemento

3. ____   c. in funivia

4. ____   d. l'orario dei treni

5. ____   e. la fila

6. ____   f. la sveglia

7. ____   g. le foto

8. ____   h. molta acqua

STRUTTURA 2

Il futuro (*Future tense*)

Track 7-8

7-8. Prepariamoci per il futuro con la pratica! Ascolta l'esempio. Cambia il verbo per ogni nuovo soggetto. Ripeti la risposta corretta.

> **Esempio** Ascolta e vedi: Rossella visiterà i monumenti ad Agrigento. Noi…
>
> Scrivi: *noi visiteremo*
>
> Dici: *Noi visiteremo i monumenti ad Agrigento.*

1. Roberto e Giulio andranno in Sicilia.

   a. _____ b. _____ c. _____

2. Valentina sarà felice quando visiterà la Sardegna.

   a. _____ b. _____ c. _____

3. Avrai molta fortuna.

   a. _____ b. _____ c. _____

4. Mi divertirò in discoteca.

   a. _____ b. _____ c. _____

5. La bambina verrà con noi.

   a. _____ b. _____ c. _____

Track 7-9

7-9. Chi lo fa? Ascolta le seguenti frasi. Ognuna sarà ripetuta due volte. Indica chi fa le attività menzionate.

1. io	tu	lui/lei	noi	voi	loro
2. io	tu	lui/lei	noi	voi	loro
3. io	tu	lui/lei	noi	voi	loro
4. io	tu	lui/lei	noi	voi	loro
5. io	tu	lui/lei	noi	voi	loro
6. io	tu	lui/lei	noi	voi	loro

7-10. Dettato. Sentirai il brano due volte. La prima volta, ascolta. La seconda volta inserisci i verbi che mancano.

A ferragosto (1.) _____ per Taormina. (2.) _____ con i nostri amici

Valentina e Ruggero e (3.) _____ a Taormina per una settimana.

(4.) _____ la mia prima visita e (5.) _____ vedere tutto!

(6.) _____ tantissime foto e (7.) _____ lo squisito pesce siciliano!

Purtroppo Rossella non (8.) _____ venire con noi. Lei (9.) _____

andare in Francia per lavoro. Noi (10.) _____ il bagno al mare, mentre lei

(11.) _____ una conferenza. Noi (12.) _____ in discoteca, e lei

(13.) _____ per una riunione importante Noi (14.) _____ a letto fino a

tardi la mattina, e lei (15.) _____ presto per essere puntuale. Io le

(16.) _____ molte cartoline, così Rossella non (17.) _____ sola e

abbandonata!

7-11. Abitudini estive. Ascolta la frase modello. Cambia il verbo **dal presente al futuro**. Segui l'esempio e ripeti la risposta corretta.

Esempio   Ascolta: Luca va in campeggio per le ferie.

Scrivi: *andrà*

Dici: *Luca andrà in campeggio per le ferie.*

1. La gente _____ le ferie al mare.

2. Ci _____ lo sciopero dei treni.

3. Ruggero e Valentina _____ le foto.

4. Io e Vanessa _____ una granita quando farà caldo.

5. Vi _____ in piazza ogni sera.

6. Ti _____ in maglione e impermeabile.

7-12. I simboli del viaggio. Ascolta la lista di espressioni. Ogni espressione sarà ripetuta due volte. Scrivi la lettera del simbolo accanto alle espressioni.

1. _____ a.

6. _____ f.

2. _____ b.

7. _____ g.

3. _____ c.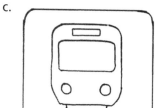

8. _____ h.

4. _____ d.

9. _____ i.

5. _____ e.

10. _____ j.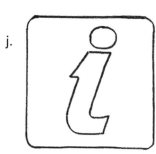

IN VACANZA TRA PIAZZE E BELLEZZE NATURALI **215**

11. _____ k.

12. _____ l.

13. _____ m.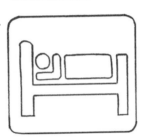

14. _____ n.

15. _____ o.

16. _____ p.

17. _____ q.

18. _____ r.

19. _____ s.

20. _____ t.

© Cengage Learning 2015

STRUTTURA 3

Pronomi doppi

Track 7-13

7-13. Diretto o indiretto? Ascolta le seguenti frasi, ognuna sarà ripetuta due volte. Indica se la frase contiene **un pronome diretto** o **un pronome indiretto**.

	Diretto	Indiretto
1.	☐	☐
2.	☐	☐
3.	☐	☐
4.	☐	☐
5.	☐	☐
6.	☐	☐
7.	☐	☐
8.	☐	☐
9.	☐	☐
10.	☐	☐

Track 7-14

7-14. Ritornare alle responsabilità di casa. La mamma di Valentina le fa molte domande. Ogni domanda sarà ripetuta due volte. Ascolta bene e rispondi usando **un pronome doppio**. Segui l'esempio e ripeti la risposta corretta.

Esempio Ascolta: Hai dato il libro al professore?
Scrivi: *gliel'*
Dici: *Sì, gliel'ho dato.*

1. Sì, _____ ho portate.

2. Sì, _____ ho scritta.

3. Sì, _____ ho mandati.

4. Sì, _____ ho preparata.

5. Sì, _____ sono fatta.

6. Sì, _____ ha dato.

7. Sì, _____ ho messe.

8. Sì, _____ sono lavati.

7-15. A che cosa si riferiscono i pronomi? Ascolta le seguenti frasi e indica il significato. Ogni frase sarà ripetuta due volte.

1. a. Ti fa vedere la foto.
   b. Ti fa vedere l'orario dei treni.

2. a. Ho lasciato la mancia al cameriere.
   b. Ho lasciato il resto al cameriere.

3. a. Tu mi dici il numero dopo.
   b. Ti dico il numero dopo.

4. a. La signora ci ha preparato i cannoli.
   b. La signora ci ha preparato la cassata.

5. a. Ho conosciuto le tue cugine alla festa.
   b. Ho conosciuto i tuoi cugini alla festa.

6. a. Ti sei messa la maglietta.
   b. Ti sei messo il costume.

7. a. Tu hai preso i biscotti per lei.
   b. Tu hai preso le caramelle per lei.

8. a. La guida ha spiegato a voi l'itinerario.
   b. La guida ha spiegato a voi la storia.

STRUTTURA 4

Aggettivi e pronomi dimostrativi

7-16. Quale? Cosa? La vecchia vicina di casa è molto insicura e ti fa molte domande. Per ogni frase che senti, rispondi e cambia l'aggettivo da *questo* a *quello* per chiarire la situazione per lei. Sentirai le frasi solo una volta, vedrai metà della risposta, tu devi dire la prima parte! Ripeti la risposta corretta.

Esempio Senti: Compro questa banana?
Scrivi: *quella banana*
Dici: *No, quella banana è più fresca.*

1. No, _____ è più forte.

2. No, _____ è più interessante.

3. No, _____ sono più importanti.

4. No, _____ sono le Sue.

5. No, _____ è il mio.

6. No, _____ amici sono più simpatici.

Track 7-17

7-17. Prego, quale? Quello, grazie! Segui l'esempio e ripeti la risposta corretta. Ogni domanda sarà ripetuta solo una volta.

> **Esempio** Vedi: Vuoi la cartolina del mare o la cartolina della piazza?
>
> Ascolta: la cartolina del mare
>
> Scrivi: *quella del mare*
>
> Dici: *Voglio quella del mare.*

1. Vuoi i cannoli al cioccolato o i cannoli alla ricotta? Voglio _____ alla ricotta.

2. Prendi l'acqua naturale o l'acqua gassata? Prendo _____ gassata.

3. Conosci tutti gli amici di Valentina? Conosco solo _____ americani.

4. Ti piacciono le magliette rosse o le magliette bianche? Mi piacciono _____ rosse.

5. Scusi signora, ma quale macchina è Sua? _____ bianca è mia.

6. Con quale signore devi parlare? Il signore tedesco o il signore francese? Devo parlare con _____ francese.

7. Quale ombrellone preferisce? L'ombrellone blu o l'ombrellone nero? Preferisco _____ nero.

8. Qual è il tuo zaino? Lo zaino grande o lo zaino piccolo? Il mio è _____ grande.

Track 7-18

7-18. Proverbi con gli aggettivi dimostrativi. Ogni proverbio sarà ripetuto due volte. La prima volta, leggi e ascolta; la seconda volta, ripeti il proverbio.

1. Chi lascia la via vecchia per la nuova sa quel che lascia, ma non sa quel che trova. (a)

2. Non è tutto oro quello che brilla. (b)

3. Nessuno deve vergognarsi di domandare quello che non sa. (c)

4. Non rimandare a domani quello che puoi fare oggi. (d)

Track 7-19

7-19. Comprensione. Ascolta le definizioni delle proverbi dell'Attività 7-18. Metti la lettera dei proverbi accanto alle definizione. Sentirai ogni definizione due volte.

1. _____ 2. _____ 3. _____ 4. _____

CAPITOLO 8

IN PIAZZA PER PROMUOVERE LA SALUTE

PRONUNCIA

Track 8-1

8-1. Scioglilingua. Ecco diverse versioni di uno scioglilingua famoso. Ogni versione sarà ripetuta due volte. La prima volta, ascolta; la seconda volta, leggi e ripeti.

1. Trentatré trentini, tutti e trentatré da Trento, venivano trottando per le valli del Trentino.

2. Trentatré trentini entrarono a Trento, tutti e trentatré, trotterellando.

3. Trecentotrentatré trentini entrarono a Trento, tutti e trentatré, trotterellando.

4. Tremilatrecentotrentatré trentini entrarono a Trento, tutti e trentatré, trotterellando.

Track 8-2

8-2. Le parti del corpo. Ascolta le frasi, saranno ripetute due volte. Indica le parti del corpo necessarie per fare queste azioni.

1. a. la bocca   b. il ginocchio

2. a. le orecchie   b. gli occhi

3. a. le orecchie   b. gli occhi

4. a. le braccia   b. la testa

5. a. le mani   b. le gambe

6. a. il naso   b. la mano

7. a. il naso   b. la mano

8. a. i piedi   b. le spalle

8-3. In farmacia. Queste persone hanno bisogno di aiuto perché si sono fatte male o non si sentono bene. Ascolta quello che dicono e scegli la soluzione adatta al problema. Ogni problema sarà descritto due volte.

1.	a. l'iniezione	b. il cerotto	c. l'aspirina
2.	a. l'iniezione	b. il cerotto	c. l'aspirina
3.	a. il cerotto	b. il pacchetto di fazzoletti	c. l'iniezione
4.	a. il cerotto	b. il termometro	c. la pomata
5.	a. le gocce	b. la pomata	c. le vitamine
6.	a. il termometro	b. l'iniezione	c. lo sciroppo
7.	a. la pillola	b. il pacchetto di fazzoletti	c. la pomata
8.	a. la pomata	b. una dieta leggera	c. il cerotto

STRUTTURA 1

Imperativo (*Imperative*)

8-4. In preparazione per la gara. Laura sta ripassando le regole della gara in bici a Trento con Danilo. Laura leggerà ogni regola una volta. Coniuga il verbo detto da Laura **all'imperativo informale.** Ripeti la risposta corretta.

Esempio   Ascolta: Devi proteggere
            Leggi: _____ le mani con i guanti!
            Scrivi: *Proteggi*
            Dici: *Proteggi le mani con i guanti!*

Bici a Trento: Regole per i ciclisti in gara

1. _____ la bicicletta prima della gara!   5. _____ la precedenza ai pedoni (*pedestrians*)!

2. _____ il casco (*helmet*) in gara!   6. _____ al telefonino in gara!

3. _____ attenzione alle macchine!   7. _____ le bottiglie di acqua per la strada!

4. _____ gli altri ciclisti!   8. _____ la bicicletta in mezzo alla strada!

Track 8-5

8-5. I consigli di Laura. I due amici continuano a prepararsi per la gara di bici a Trento e Laura dà molti suggerimenti a Danilo. Ascolta i suoi suggerimenti, saranno ripetuti solo una volta. Coniuga il verbo **all'imperativo informale**. Ripeti la risposta corretta.

Esempio   Senti: prendere l'aspirina
Scrivi: *prendi*
Dici: *Prendi l'aspirina!*

1. _____ in palestra!

2. _____ in piscina!

3. _____ molta acqua!

4. _____ con gli altri ciclisti!

5. _____ le vitamine!

6. _____ puntuale il giorno della gara!

7. _____ vino la sera prima della gara!

8. _____ calmo la mattina della gara!

Track 8-6

8-6. Diamo i numeri? Per imparare i numeri ordinali, bisogna fare pratica! Sentirai dieci numeri cardinali. Ogni numero sarà ripetuto solo una volta. Dai **il numero ordinale** che corrisponde al numero che senti. Ripeti la risposta corretta. Segui l'esempio.

Esempio   Ascolta: otto
Dici: *ottavo*

1. _____
2. _____
3. _____

4. _____
5. _____
6. _____

7. _____
8. _____

9. _____
10. _____

Track 8-7

8-7. Espressioni con i numeri ordinali. Ascolta le seguenti frasi, che saranno ripetute due volte, e indica il loro significato corretto.

1. a. risotto con radicchio di Treviso   b. la macedonia di frutta

2. a. Non mangiamo la carne.   b. Non mangiamo la pasta.

3. a. Lui è felicissimo.   b. Lui non è tanto felice.

4. a. La bambina avrà tre anni.   b. La bambina avrà dieci anni.

5. a. Frequento l'università da un anno.   b. Frequento l'università da tre anni.

6. a. Siamo già stati a Bolzano.   b. Non siamo mai stati a Bolzano.

8-8. I numeri ancora. Ascolta le seguenti sequenze di numeri, che saranno ripetute solo una volta. Aggiungi **il numero ordinale** che segue l'ultimo numero di ogni sequenza. Ripeti la risposta corretta.

1. _____   4. _____

2. _____   5. _____

3. _____   6. _____

8-9. Non adesso! Laura è con la sua amica Paola alla fiera di prodotti biologici per la cura di corpo, viso e capelli. Laura vuole partire subito, mentre Paola vuole rimanere. Per ogni suggerimento, detto da Paola solo una volta, rispondi con **l'imperativo negativo informale.** Ripeti la risposta corretta. Segui l'esempio.

Esempio   Ascolta: Posso andare a quella presentazione sulla pelle adolescente?

Scrivi: *Non andare*

Dici: *Non andare adesso!*

1. _____ crema adesso!   4. _____ qui adesso!

2. _____ la presentazione adesso!   5. _____ la pomata adesso!

3. _____ tutti i prodotti adesso!   6. _____ il profumo adesso!

8-10. Benvenuti alle terme (*hot springs*)! Paola ha trovato un lavoro estivo in una delle terme sulle Dolomiti. Ecco quello che deve dire quando riceve un gruppo di turisti. Ascolta le frasi, saranno ripetute solo una volta. Coniuga i verbi **alla persona voi dell'imperativo.** Ripeti la risposta corretta. Segui l'esempio.

Esempio   Ascolta: Non andare in piscina dopo le 7.00.

Scrivi: *Non andate*

Dici: *Non andate in piscina dopo le 7.00.*

1. _____ i massaggi alla reception!

2. _____ i bambini nella vasca a idromassaggio!

3. _____ alimenti sani durante i pasti!

4. _____ l'aria pura!

5. _____ molta acqua fresca!

6. _____ le creme curative dopo il bagno!

8-11. Una gita privata sulle Dolomiti. Gianni, l'amico di Paola, lavora come guida sulle Dolomiti. Oggi Gianni accompagna un signore a fare trekking lungo un sentiero pieno di rocce. Gianni deve dire al signore come seguire il percorso. Coniuga i verbi **all'imperativo formale** *Lei.* Ogni frase sarà ripetuta due volte. Ripeti la risposta corretta. Segui l'esempio.

Esempio Ascolta: andare piano

Scrivi: *Vada*

Dici: *Vada piano!*

1. _____ le indicazioni sulla cartina!

2. _____ gli occhiali da sole!

3. _____ per il sentiero!

4. _____ pure le fotografie!

5. _____ fermo un attimo!

6. _____ piano dalla montagna!

7. _____ la giacca, sta per piovere!

8. _____ coraggio, siamo quasi arrivati!

8-12. Paola continua ad aiutare i clienti. Paola deve aiutare una signora anziana alle terme. Ma ha un momento di panico perché si dimentica di usare l'imperativo formale! Sentirai tutti i suggerimenti di Paola all'imperativo informale, per ogni frase, ripeti la frase con il verbo **all'imperativo formale.** Ripeti la frase corretta.

Esempio Ascolta: Prova una lezione di yoga!

Scrivi: *Provi*

Dici: *Provi una lezione di yoga!*

1. _____

2. _____

3. _____

4. _____

5. _____

6. _____

Track 8-8

8-8. I numeri ancora. Ascolta le seguenti sequenze di numeri, che saranno ripetute solo una volta.

Aggiungi **il numero ordinale** che segue l'ultimo numero di ogni sequenza. Ripeti la risposta corretta.

1. _____   4. _____

2. _____   5. _____

3. _____   6. _____

Track 8-9

8-9. Non adesso! Laura è con la sua amica Paola alla fiera di prodotti biologici per la cura di corpo, viso e capelli. Laura vuole partire subito, mentre Paola vuole rimanere. Per ogni suggerimento, detto da Paola solo una volta, rispondi con **l'imperativo negativo informale.** Ripeti la risposta corretta. Segui l'esempio.

Esempio   Ascolta: Posso andare a quella presentazione sulla pelle adolescente?
              Scrivi: *Non andare*
              Dici: *Non andare adesso!*

1. _____ crema adesso!   4. _____ qui adesso!

2. _____ la presentazione adesso!   5. _____ la pomata adesso!

3. _____ tutti i prodotti adesso!   6. _____ il profumo adesso!

Track 8-10

8-10. Benvenuti alle terme (*hot springs*)! Paola ha trovato un lavoro estivo in una delle terme sulle Dolomiti. Ecco quello che deve dire quando riceve un gruppo di turisti. Ascolta le frasi, saranno ripetute solo una volta. Coniuga i verbi **alla persona voi dell'imperativo.** Ripeti la risposta corretta. Segui l'esempio.

Esempio   Ascolta: Non andare in piscina dopo le 7.00.
              Scrivi: *Non andate*
              Dici: *Non andate in piscina dopo le 7.00.*

1. _____ i massaggi alla reception!

2. _____ i bambini nella vasca a idromassaggio!

3. _____ alimenti sani durante i pasti!

4. _____ l'aria pura!

5. _____ molta acqua fresca!

6. _____ le creme curative dopo il bagno!

Track 8-11

8-11. Una gita privata sulle Dolomiti. Gianni, l'amico di Paola, lavora come guida sulle Dolomiti. Oggi Gianni accompagna un signore a fare trekking lungo un sentiero pieno di rocce. Gianni deve dire al signore come seguire il percorso. Coniuga i verbi **all'imperativo formale _Lei_.** Ogni frase sarà ripetuta due volte. Ripeti la risposta corretta. Segui l'esempio.

Esempio   Ascolta: andare piano

Scrivi: _Vada_

Dici: _Vada piano!_

1. _____ le indicazioni sulla cartina!   5. _____ fermo un attimo!

2. _____ gli occhiali da sole!   6. _____ piano dalla montagna!

3. _____ per il sentiero!   7. _____ la giacca, sta per piovere!

4. _____ pure le fotografie!   8. _____ coraggio, siamo quasi arrivati!

Track 8-12

8-12. Paola continua ad aiutare i clienti. Paola deve aiutare una signora anziana alle terme. Ma ha un momento di panico perché si dimentica di usare l'imperativo formale! Sentirai tutti i suggerimenti di Paola all'imperativo informale, per ogni frase, ripeti la frase con il verbo **all'imperativo formale.** Ripeti la frase corretta.

Esempio   Ascolta: Prova una lezione di yoga!

Scrivi: _Provi_

Dici: _Provi una lezione di yoga!_

1. _____   4. _____

2. _____   5. _____

3. _____   6. _____

STRUTTURA 2

Imperativo e pronomi (*Imperative and pronouns*)

Track 8-13

8-13. Facciamolo! Beppe è pieno di idee per le vacanze e vuole convincere Cecilia a fare come vuole lui. Ascolta le sue idee, che saranno ripetute due volte, e coniuga i verbi **alla persona *noi* dell'imperativo.** Aggiungi il pronome necessario. Ripeti la risposta corretta. Segui l'esempio.

> **Esempio**   Ascolta: andare in montagna
>
> Scrivi e dici: *Andiamoci!*

1. _____   2. _____   3. _____   4. _____

Track 8-14

8-14. Decido io! Cecilia, che ha le sue idee per le vacanze, ignora i suggerimenti di Beppe. Ascolta le sue idee, che saranno ripetute due volte, e coniuga i verbi **alla persona *tu* dell'imperativo.** Aggiungi il pronome necessario. Ripeti la risposta corretta.

> **Esempio**   Ascolta: prendere l'antibiotico
>
> Scrivi e dici: *Prendilo!*

1. _____   2. _____   3. _____   4. _____

Track 8-15

8-15. Beppino, sii ragionevole! Beppe va dalla mamma per trovare una soluzione per le loro vacanze, ad ogni suo suggerimento, la mamma risponde con **l'imperativo nella forma *voi*** (insieme al pronome necessario). Sentirai le frasi di Beppe due volte, rispondi con l'imperativo e ripeti la frase corretta.

> **Esempio**   Senti: Beviamo dell'acqua fresca?
>
> Scrivi e dici: *Bevetene!*

1. _____   4. _____

2. _____   5. _____

3. _____   6. _____

8-16. Troppe formalità! Sentirai delle frasi all'imperativo formale, ripetute due volte. Ascolta e ripeti le frasi **all'imperativo informale, nella forma *tu*,** facendo attenzione al verbo e alla posizione del pronome. Ripeti la risposta corretta. Segui l'esempio.

Esempio   Senti: Me lo spieghi?
            Scrivi e dici: *Spiegamelo!*

1. _____   4. _____   7. _____

2. _____   5. _____   8. _____

3. _____   6. _____

8-17. Da dove vengono queste parole? Le terme sono piene di varie conversazioni! Sentirai ogni frase due volte, ascolta bene e indica dove si trova la persona che parla.

1. a. a tavola al ristorante del Centro Benessere   b. a tavola al ristorante in paese

2. a. passeggiando in centro per i negozi   b. passeggiando per i sentieri in montagna

3. a. si trova nella vasca jacuzzi   b. si trova sul lettino dei massaggi

4. a. yoga all'aria aperta   b. yoga in palestra

5. a. parlando con lo chef   b. parlando con la nutrizionista

6. a. in una farmacia   b. in un'erboristeria

STRUTTURA 3

Espressioni indefinite e negative (*Indefinite and negative expressions*)

8-18. Pronome o aggettivo? Ascolta le frasi, saranno ripetute due volte. Indica se l'indefinito è usato come **aggettivo** o come **pronome.**

1. a. aggettivo   b. pronome

2. a. aggettivo   b. pronome

3. a. aggettivo   b. pronome

4. a. aggettivo   b. pronome

5. a. aggettivo   b. pronome

6. a. aggettivo   b. pronome

7. a. aggettivo   b. pronome

8. a. aggettivo   b. pronome

Track 8-19

8-19. Il contrario! Beppe e Cecilia non vanno d'accordo oggi! Per ogni cosa che Cecilia dice, Beppe dice il contrario. Ascolta le seguenti frasi, saranno ripetute due volte. Scrivi e dici il contrario. Segui l'esempio.

> **Esempio**   Ascolta: Io mangio tutto!
>
>   Scrivi e dici: *Non mangio nulla.*

1. _____   3. _____

2. _____   4. _____

Track 8-20

8-20. Giochiamo a "qualcuno o qualcosa". Per divertirsi in treno, Laura e Danilo hanno inventato questo gioco: uno nomina una cosa o una persona (una volta), l'altra risponde con una definizione. Ascolta la domanda e rispondi con le informazioni date. Devi aggiungere **qualcosa** o **qualcuno**. Ripeti la risposta corretta. Segui l'esempio.

> **Esempio**   Ascolta: L'estetista?
>
>   Scrivi: *qualcuno*
>
>   Dici: *È qualcuno che fa cure di bellezza.*

1. È _____ di alto e difficile da scalare. sano.

2. È _____ che pedali.

3. È _____ che cura un'infezione nel corpo.

4. È _____ che ti spiega come mangiare

5. È _____ che ti visita quando stai male.

6. È _____ che si prende per mal di gola.

STRUTTURA 4

Il progressivo (*Progressive tense*)

Track 8-21

8-21. Chi lo sta facendo? Ascolta le seguenti frasi, saranno ripetute due volte. Indica chi sta facendo o stava facendo le attività menzionate.

1. io	tu	lui/lei	noi	voi	loro
2. io	tu	lui/lei	noi	voi	loro
3. io	tu	lui/lei	noi	voi	loro
4. io	tu	lui/lei	noi	voi	loro
5. io	tu	lui/lei	noi	voi	loro
6. io	tu	lui/lei	noi	voi	loro
7. io	tu	lui/lei	noi	voi	loro
8. io	tu	lui/lei	noi	voi	loro

Track 8-22

8-22. Stiamo praticando: I tempi progressivi. Ascolta la prima frase e cambia **il verbo** per ogni nuovo **soggetto.** Ripeti la risposta corretta.

Esempio   Vedi e senti: Io sto leggendo. Tu
Scrivi e dici: *Stai leggendo.*

1. Danilo sta camminando.

   a. _____ b. _____ c. _____

2. Io stavo scrivendo.

   a. _____ b. _____ c. _____

3. Beppe sta pulendo.

   a. _____ b. _____ c. _____

4. Tu starai lavorando.

   a. _____ b. _____ c. _____

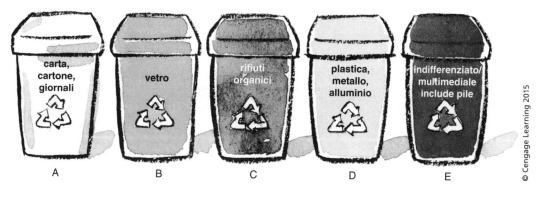 CAPITOLO 9

IN PIAZZA PER UN AMBIENTE SANO

PRONUNCIA

Track 9-1

9-1. Dove siamo? Calabria e Basilicata offrono tanti posti da visitare. Prova a pronunciarli. Sentirai una lista di posti da visitare. La prima volta leggi e ascolta, la seconda volta, ripeti i nomi (uno per uno), la terza volta ripeti tutta la lista.

1. **Calabria:** Catanzaro, Cosenza, Crotone, Pizzo, Reggio, Riace, Tropea, Vibo Valentia

2. **Basilicata:** Matera, Maratea, Melfi, Monte Volturino, Metaponto, Monte Pollino

Track 9-2

9-2. L'ambiente—come si scrive? Sentirai otto parole ripetute due volte ciascuna. Ascolta ed inserisci le lettere mancanti per completare le parole.

1. R _ CI _ _ _ RE

2. IM _ O _ _ _ _ IA

3. _ NQ _ _ _ A _ _ _ TO

4. _ O _ _ ER _ _ _ IONE

5. SOS _ _ NI _ _ L _ _ À

6. _ _ _ _ _ B _ _ _ ZZ _ _ E

7. A _ _ _ _ NT _ _ _ STA

8. D _ _ B _ SC _ M _ NT _

Track 9-3

9-3. In piazza, davanti ai contenitori. Dove vanno queste cose? Ascolta la lista di cose da riciclare. Ogni frase sarà ripetuta due volte. Scrivi la lettera del contenitore adatto per ogni oggetto menzionato.

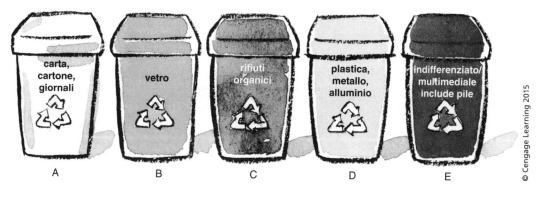

1. _____   3. _____   5. _____   7. _____

2. _____   4. _____   6. _____   8. _____

STRUTTURA 1

Condizionale semplice (*Simple conditional*)

Track 9-4

9-4. Condizionale semplice. Ascolta la prima frase. Cambia **il verbo** per ogni nuovo **soggetto.**
Ripeti la risposta corretta.

Esempio   Leggi: Io riciclerei tutto.

Senti: tu

Scrivi: *ricicleresti*

Dici: *Tu ricicleresti tutto.*

1. Io mangerei il gelato.

   a. _____   b. _____   c. _____

2. Dovresti studiare di più.

   a. _____   b. _____   c. _____

3. Giocherebbero tutto il giorno.

   a. _____   b. _____   c. _____

4. Saremmo contenti di visitare Tropea.

   a. _____   b. _____   c. _____

9-5. Cosa preferirebbero? Veramente tutti preferiscono una cosa diversa! Ascolta le domande, leggi la preferenza e rispondi con la forma corretta del verbo *preferire* al condizionale. Ogni domanda sarà ripetuta due volte. Segui l'esempio. Ripeti la risposta corretta.

Esempio   Senti: Prenderesti un po' di pizza?
Scrivi: *preferirei*
Dici: *Preferirei prendere un po' di frutta.*

1. No, _____ bere una Coca-Cola.

2. No, _____ correre.

3. No, _____ andare a teatro.

4. No, _____ andare a piedi.

5. No, _____ giocare al parco.

6. No, _____ mettere i pomodori nell'insalata.

9-6. Come aiuterebbero? Tutte queste persone vogliono proteggere l'ambiente. Per ogni persona, coniuga il verbo che vedi **al condizionale.** Le persone saranno ripetute solo una volta. Ripeti la risposta corretta.

Esempio   Senti: noi
Vedi: (pulire) _____ le strade e le spiagge.
Scrivi: *puliremmo*
Dici: *Noi puliremmo le strade e le spiagge.*

1. (comprare) _____ confezioni riciclabili.

2. (fare) _____ la raccolta differenziata.

3. (usare) _____ le bottiglie di vetro per l'acqua.

4. (consumare) _____ di meno.

5. (non buttare) _____ i rifiuti per terra.

6. (prendere) _____ l'autobus.

STRUTTURA 2

Condizionale passato (*Past conditional*)

Track 9-7

9-7. Presente o passato? Ascolta le seguenti frasi. Ogni frase sarà ripetuta solo una volta. Indica se la frase è **al presente** o **al passato**.

	Condizionale presente	Condizionale passato
1.	❏	❏
2.	❏	❏
3.	❏	❏
4.	❏	❏
5.	❏	❏
6.	❏	❏
7.	❏	❏
8.	❏	❏

Track 9-8

9-8. Dal presente al passato. Sentirai sei frasi al condizionale presente. Ogni frase sarà ripetuta solo una volta. Trasforma il verbo che senti **dal condizionale presente al condizionale passato**. Ripeti la risposta corretta.

1. _____ il compostaggio.

2. _____ a piedi.

3. _____ la casa con il detersivo organico.

4. _____ biglietti per il Treno Verde.

5. _____ il pesce locale.

6. _____ il museo a Catanzaro.

Track 9-9

9-9. Purtroppo non hanno fatto quello che avrebbero dovuto fare! Usa **il condizionale passato** per indicare quello che gli amici avrebbero dovuto fare. Ogni frase sarà ripetuta solo una volta. Segui l'esempio. Ripeti la risposta corretta.

Esempio Senti: La professoressa non era preparata.

Leggi: _____ fare più ricerca.

Scrivi: *La professoressa avrebbe dovuto*

Scrivi e dici: *La professoressa avrebbe dovuto fare più ricerca.*

1. _____ partire prima.

2. _____ mangiare prima.

3. _____ andare in banca ieri.

4. _____ telefonare all'amica prima.

5. _____ portare la guida con noi!

6. _____ comprare un maglione.

Track 9-10

9-10. Quale animale potrebbe essere? Ascolta le descrizioni, che saranno ripetute due volte, e indica quale animale è descritto in ogni frase.

1. a. cane b. gatto

2. a. cane b. gatto

3. a. cane b. cavallo

4. a. capra b. pollo

5. a. uccello b. mucca

6. a. pesce b. uccello

7. a. pesce b. uccello

8. a. mucca b. pecora

IN PIAZZA PER UN AMBIENTE SANO **233**

STRUTTURA 3

Pronomi tonici (*Stressed pronouns*)

9-11. In altre parole. Ascolta le frasi, ogni frase sarà ripetuta due volte, indica quale frase scritta si abbina meglio alla frase detta.

> **Esempio**   Senti: Tu parli a me?
>
> Sciegli: *a) Tu mi parli?*   b) Tu ci parli?

1. a. Il libro è per Gianni.   b. Il libro è per Gianna.

2. a. Le chiavi sono per te.   b. Le chiavi sono per me.

3. a. Lui si siede accanto a lei.   b. Lei si siede accanto a lui.

4. a. Il gelato piace a voi.   b. Il gelato piace a noi.

5. a. Parlo a voi!   b. Parlo a loro!

6. a. Le caramelle sono per me.   b. Le caramelle sono per loro.

9-12. Chiediamo aiuto a tutti! Nicolò e Regina vogliono pulire un parco a Reggio perché è pieno di rifiuti e graffiti. Stanno pensando a chi possono telefonare per chiedere una mano. Nicolò è entusiasta di ogni persona che Regina suggerisce. Ascolta i suggerimenti di Regina, saranno ripetuti solo una volta. Rispondi con **un pronome tonico.** Segui l'esempio. Ripeti la risposta corretta.

> **Esempio**   Senti: Vogliamo telefonare a Tommaso?
>
> Scrivi e dici: *Sì! Telefoniamo a lui!*

1. Sì! _____!

2. Sì! _____!

3. Sì! _____!

4. Sì! _____!

5. Sì! _____!

Track 9-13

9-13. Tommaso parla di se stesso. Tommaso si paragona agli altri. Completa le sue frasi con **un pronome tonico**. Ogni frase sarà ripetuta due volte. Ripeti la risposta corretta.

Esempio Senti: Io e Marco giochiamo a tennis bene, ma Anna è bravissima! Anna gioca meglio
Scrivi e dici: *di noi.*

1. _____   3. _____   5. _____

2. _____   4. _____   6. _____

STRUTTURA 4

Comparativi (*Comparatives*)

Track 9-14

9-14. Nella mia opinione, sono simili. Tu, che ne pensi? Tommaso e Regina fanno un gioco in cui fanno dei paragoni fra due cose o fra due esperienze con **il comparativo di uguaglianza**. Ascolta l'aggettivo e confronta le due parole che vedi. Ogni aggettivo sarà ripetuto due volte. Segui l'esempio. Ripeti la risposta corretta.

Esempio Senti: importante
Leggi: Studiare è _____ lavorare. (tanto / quanto)
Scrivi: *tanto importante quanto*
Dici: *Studiare è tanto importante quanto lavorare.*

1. Andare in bicicletta è _____ andare a piedi. (così / come)

2. L'incendio è _____ l'alluvione. (tanto / quanto)

3. La costa è _____ la montagna. (così / come)

4. Rispettare l'ambiente è _____ conservare l'ambiente. (tanto / quanto)

5. Il parco è _____ la spiaggia. (tanto/quanto)

6. Gli animali sono _____ le persone. (così/ come)

9-15. Nella mia opinione, sono diverse. Adesso Regina e Tommaso fanno dei paragoni tra cose che sono diverse con **i comparativi di maggioranza e minoranza.** Ascolta bene per capire la differenza tra le due cose menzionate. Ogni frase sarà ripetuta due volte. Segui l'esempio. Ripeti la risposta corretta.

Esempio   Senti: La quercia è altissima, ma il pino è piuttosto basso.

Leggi: più alta

Scrivi e dici: *La quercia è più alta del pino.*

1. meno grande: _____

2. più grande: _____

3. più seria: _____

4. meno vecchio: _____

5. meno veloce: _____

6. più grande: _____

9-16. Ancora riflessioni. Mentre sta camminando per la città, Regina confronta i diversi aspetti della sua vita. Completa i suoi paragoni. Ogni pensiero sarà ripetuto due volte. Segui l'esempio. Ripeti la risposta corretta.

Esempio   Senti: Io ho venti bottiglie di vetro e dieci giornali da riciclare.

Leggi: Io ho _____ da riciclare. (bottiglie / giornali)

Scrivi: *più bottiglie che giornali*

Dici: *Io ho più bottiglie che giornali da riciclare.*

1. Il bidone é _____. (grande / pesante)

2. Nicolò ha _____. (parenti / amici)

3. Io sono _____. (timida / estroversa)

4. Nel giardino ci sono _____. (rifiuti / fiori)

5. L'autobus è _____. (pratico / comodo)

6. Io preferisco _____. (conservare / buttare)

9-17. Un confronto tra amici. Mentre ascolti la descrizione di Nicolò e Marcellino, indica se i commenti sono **veri** o **falsi**.

	vero	falso
1. Tutti e due sono accademici e studiosi.	❏	❏
2. Tutti e due abitano con entrambi i genitori.	❏	❏
3. Tutti e due hanno almeno un gatto.	❏	❏
4. Tutti e due hanno almeno un cane.	❏	❏
5. Tutti e due sono sportivi.	❏	❏
6. A tutti e due piace la musica.	❏	❏
7. Marcellino è il minore della sua famiglia.	❏	❏
8. Marcellino ha la casa più grande.	❏	❏
9. Marcellino va meglio a scuola.	❏	❏
10. Nicolò è il migliore musicista.	❏	❏

CAPITOLO 10

MODA E TECNOLOGIA S'INCONTRANO IN PIAZZA

PRONUNCIA

Track 10-1

10-1. Alla sfilata. Ecco diverse cose dette dal pubblico durante una recente sfilata di moda. Ogni frase sarà ripetuta due volte. La prima volta, ascolta; la seconda volta, ascolta e ripeti la frase.

1. La moda non può essere scomoda!

2. Lo stilista snobista è stanco di sera.

3. Non toccare il tessuto trasparente!

4. La modella milanese gira Milano in motocicletta.

5. Temo che il tecnico non torni in tempo!

Track 10-2

10-2. La tecnologia e la moda. Sentirai un elenco di dieci cose. Ogni cosa sarà ripetuta due volte. Ascolta e scegli l'espressione che può essere associata alla cosa menzionata.

1. a. dove si proiettano le immagini   b. dove le modelle si vestono

2. a. i vestiti   b. le scarpe

3. a. lo stilista   b. l'artista

4. a. guardare   b. cliccare

5. a. per parlare   b. per guardare

6. a. i vestiti   b. i gioielli

7. a. la tastiera   b. la sfilata

8. a. per tenere copie dei documenti dal computer   b. per aprire la porta

9. a. guidare   b. fare foto

10. a. per le modelle   b. per i documenti

10-3. Finisci la frase. Ascolta le seguenti frasi e aggiungi la conclusione appropriata. Ogni frase sarà ripetuta due volte.

1. a. musicisti.   b. stilisti.

2. a. le modelle presentano i nuovi abiti   b. gli stilisti disegnano i loro nuovi abiti.
    di uno stilista.

3. a. vestiti o abiti.   b. disegni o grafici.

4. a. ignorare la pubblicità e indossare   b. seguire tutti i suggerimenti nelle riviste e
    i vestiti che piacciono a te.   comprare i vestiti mostrati nelle sfilate.

5. a. disegno.   b. tessuto.

6. a. firme italiane.   b. firme americane.

10-4. La tecnologia, aiuta o nuoce (*harm*)? Sentirai un brano due volte. La prima volta, ascolta; la seconda volta, inserisci le parole che mancano.

Sono all'(1.) _____ _____ per

(2.) _____ una (3.) _____ alla mia

collega, Serena, ma quando cerco di (4.) _____ il

(5.) _____ mi arriva questo messaggio: "Il

(6.) _____ non (7.) _____ ".

Controllo (8.) _____, sembra che tutto

(9.) _____. Controllo la (10.) _____,

non sembra che la (11.) _____ stia per cadere. Controllo

(12.) _____ di Serena. Ah, ecco il problema—ho sbagliato

l'indirizzo di (13.) _____ _____ della

collega! Provo a chiamarla con il (14.) _____. Oh no, le

(15.) _____ sono (16.) _____ e il mio

(17.) _____ non funziona! (18.) _____

(19.) _____ con la posta elettronica—ma ecco un nuovo messaggio

(20.) _____ (21.) _____: "il tuo turno al

computer è terminato!"

STRUTTURA 1

Il presente congiuntivo (*Present subjunctive*)

Track 10-5

10-5. Organizziamoci! Tu sei il responsabile delle modelle alla sfilata e cominci ogni richiesta con "Bisogna che". Trasforma ogni verbo che senti **al congiuntivo** secondo i soggetti indicati. I verbi saranno ripetuti due volte. Segui l'esempio.

Esempio   Senti: camminare lentamente

              Leggi: Bisogna che tu _____ lentamente.

              Scrivi: *cammini*

              Dici: *Bisogna che tu cammini lentamente!*

1. Bisogna che Sara _____ la giacca rossa.

2. Bisogna che tu _____ le altre ragazze.

3. Bisogna che voi _____ gli occhiali da sole.

4. Bisogna che Anna _____ con le scarpe da ginnastica.

5. Bisogna che tutte _____ i miei messaggi.

6. Bisogna che voi _____ stasera!

Track 10-6

10-6. Non sono sicura. La mamma tormenta Alice con molte domande, ma Alice non è sicura delle risposte. Ogni domanda sarà ripetuta solo una volta. Rispondi con "penso che" e l'informazione data, mettendo il verbo suggerito **al congiuntivo**. Ripeti la risposta corretta. Segui l'esempio.

Esempio   Senti: Quando arrivano i tuoi amici a Brescia?

              Leggi: Penso che (loro / arrivare) _____ lunedì sera.

              Scrivi: *arrivino*

              Dici: *Penso che arrivino lunedì sera.*

1. Penso che (loro / partire) _____ dopo pranzo.

2. No, non penso che (lui / conoscere) _____ Brescia.

3. Penso che (lui / ascoltare) _____ la voce del navigatore GPS.

4. Penso che (loro / rimanere) _____ una settimana.

5. Penso che (Serena / frequentare) _____ un corso di moda.

6. Penso che (Gianni / desiderare) _____ vedere la Mille Miglia!

7. Penso che oggi (Serena / mandarmi) _____ una mail.

8. No, penso che (loro / restare) _____ in un albergo.

Track 10-7

10-7. Trasforma le osservazioni. I pensieri di Gianni volano mentre lui legge una pubblicità per un Internet Caffè vicino a casa sua. Trasforma le frasi che senti **al congiuntivo** usando le espressioni suggerite. Sentirai ogni frase due volte. Ripeti la risposta corretta. Segui l'esempio.

Esempio Senti: Vendono le chiavette in tabaccheria.

Leggi: Sono contento che _____ le chiavette in tabaccheria.

Scrivi: *vendano*

Dici: *Sono contento che vendano le chiavette in tabaccheria.*

1. È bene che ci _____ molte stampanti.

2. È importante che _____ i computer velocemente.

3. Spero che l'applicazione _____ ogni virus.

4. È necessario che l'accesso a Internet _____ sicuro.

5. È bello che uno _____ scaricare documenti in pochi secondi.

6. Dubito che i prezzi _____ i più bassi in città.

Track 10-8

10-8. Cosa dice? Serena trova un messaggio fatto di frasi incomplete sul suo telefonino, ma capisce che c'è un verbo al congiuntivo in ogni frase. Per ogni **congiuntivo** che senti, scrivi il verbo **all'infinito**. Ogni frase sarà ripetuta due volte. Segui l'esempio.

Esempio Senti: Sembra che vengano dopo.

Scrivi e dici: *venire*

1. _____

2. _____

3. _____

4. _____

5. _____

6. _____

STRUTTURA 2

Espressioni che richiedono il congiuntivo (*Expressions that require the subjunctive*)

Track 10-9

10-9. Com'era la sfilata? Sei in prima fila, con diversi amici, a una sfilata di moda. Con tutta la musica e la confusione intorno a te, riesci a capire solo gli inizi dei loro commenti. Per ogni frase introduttiva che senti, scegli la conclusione appropriata. Attenzione! Non tutte le introduzioni richiedono il congiuntivo.

1. a. ...uno vada, vede borse di Prada.
   b. ...uno va, vede borse di Prada.

2. a. ...queste borse vanno bene anche per l'ufficio.
   b. ...queste borse vadano bene anche per l'ufficio.

3. a. ...non siate abituati ai pantaloni aderenti (*close-fitting*), questi di Moschino sono eccezionali.
   b. ...non siete abituati ai pantaloni aderenti, questi di Moschino sono eccezionali.

4. a. ...vogliate portare solo la gonna!
   b. ...volete portare solo la gonna!

5. a. ...i pantaloni aderenti siano troppo informali.
   b. ...i pantaloni aderenti sono troppo informali.

6. a. ...sia magro può permettersi i pantaloni aderenti.
   b. ...è magro può permettersi i pantaloni aderenti.

7. a. ...i vestiti di Moschino costino molto.
   b. ...i vestiti di Moschino costano molto.

8. a. ...paghiate un po' di più per i vestiti alla moda!
   b. ...pagate un po' di più per i vestiti alla moda!

STRUTTURA 3

Il passato congiuntivo (*Past subjunctive*)

Track 10-10

10-10. Come? Non ho capito! Serena e Gianni cercano di parlare via Skype ma la connessione è terribile. Ascolta le frasi, saranno ripetute due volte, e indica se le frasi **al congiuntivo** sono **al presente** o **al passato.**

1. a. presente   b. passato   6. a. presente   b. passato

2. a. presente   b. passato   7. a. presente   b. passato

3. a. presente   b. passato   8. a. presente   b. passato

4. a. presente   b. passato   9. a. presente   b. passato

5. a. presente   b. passato   10. a. presente   b. passato

Track 10-11

10-11. Che bel weekend! Gianni cerca di indovinare come Alice abbia passato il weekend. Sentirai una serie di commenti, ognuno sarà ripetuto due volte. Metti il verbo suggerito **al congiuntivo passato** per creare una frase completa. Segui l'esempio.

Esempio   Senti: cenare
Vedi: Penso che voi ____ da Mario.
Scrivi: *abbiate cenato*
Dici: *Penso che voi abbiate cenato da Mario.*

1. Penso che voi _____ molto spumante!

2. Penso che tu _____ un nuovo vestito.

3. Penso che voi _____ molto tardi.

4. Penso che voi _____ a Serena.

5. Penso che lo stilista _____ gli occhiali da sole di notte.

6. Penso che tu _____ molto!

7. Penso che il tuo amico _____ a tennis.

8. Penso che i bambini _____ presto la sera.

10-12. Perché dici così? Tiziana ha molti messaggi sulla segreteria telefonica. Sentirai ogni messaggio due volte. Indica perché si usa **il congiuntivo.**

	Opinione	Dubbio / incertezza	Paura / preoccupazione	Necessità	Speranza	Stato d'animo
1.	❑	❑	❑	❑	❑	❑
2.	❑	❑	❑	❑	❑	❑
3.	❑	❑	❑	❑	❑	❑
4.	❑	❑	❑	❑	❑	❑
5.	❑	❑	❑	❑	❑	❑
6.	❑	❑	❑	❑	❑	❑

STRUTTURA 4

Superlativi (*Superlatives*)

Track 10-13

10-13. Com'è Genova? Gli amici di Serena sono pieni di domande. Aggiungi **il superlativo di maggioranza** o **di minoranza**, secondo la frase, alle risposte di Serena. Sentirai ogni domanda due volte. Ripeti la risposta corretta. Segui l'esempio.

Esempio   Senti: È importante il porto di Genova?
   Leggi: (+ / porto / importante) _____ del nord Italia!
   Scrivi: *È il porto più importante*
   Dici: *È il porto più importante del nord Italia!*

1. (+ / genovese / famoso) _____ di tutti!

2. (+ / pizza / deliziosa) _____ della città!

3. (– / posto / noioso) _____ della città!

4. (+ / negozi / cari) _____ della città!

5. (– / stadio / piccolo) _____ della città!

6. (+ / pesto / buono) _____ d'Italia!

10-14. Che entusiasmo per le Cinque Terre! Trasforma le frasi con **il superlativo appropriato.**

Ogni frase sarà ripetuta due volte. Ripeti la frase corretta. Segui l'esempio.

Esmpio   Senti: Portofino è una piccola città.

              Scrivi e dici: *È piccolissima.*

1. _____

2. _____

3. _____

4. _____

5. _____

6. _____

10-15. In altre parole. Sentirai una serie di frasi. Ogni frase sarà ripetuta due volte. Ascolta e scegli l'espressione equivalente.

1. a. Il film era fantastico!	b. Il film era terribile!
2. a. Le focacce erano ottime.	b. Le focacce erano pessime.
3. a. Silvia è la più grande delle sorelle.	b. Silvia è la più piccola delle sorelle.
4. a. Tutti conoscono Dolce e Gabbana.	b. Nessuno conosce Dolce e Gabbana.
5. a. Non puoi entrare per almeno due ore.	b. Puoi entrare alle due.
6. a. Lui sa fare le foto.	b. Lui non sa fare le foto.

CAPITOLO 11

PIAZZE MULTICULTURALI

PRONUNCIA

Track 11-1

11-1. Le famose parole di D'Annunzio. Karim, Annamaria e Melania discutono le opere di D'Annunzio. Sentirai, due volte, brevi pezzi di tre opere di D'Annunzio che piacciono a loro. La prima volta, leggi e ascolta; la seconda volta, ripeti le parole.

1. Dalla poesia: *Un ricordo*
   Io non sapea qual fosse il mio malore
   né dove andassi. Era uno strano giorno.
   Oh, il giorno tanto pallido era in torno,
   pallido tanto che facea stupore…

2. Dal canto lirico: *I pastori*
   Settembre, andiamo. È tempo di migrare.
   Ora in terra d'Abruzzi i miei pastori
   Lascian gli stazzi e vanno verso il mare:
   scendono all'Adriatico selvaggio
   Che verde è come i pascoli dei monti.

3. Dal romanzo: *Il fuoco*
   Stringiti a me, abbandonati a me, sicura. Io non ti mancherò, e tu non mi mancherai.
   Troveremo la verità segreta su cui il nostro amore potrà riposare per sempre, immutabile.

Track 11-2

11-2. Quale poesia preferisce? Ecco le loro poesie preferite. Ascolta le descrizioni e indica quale poesia piace a ognuno di loro. Ogni descrizione sarà ripetuta due volte.

1. Karim preferisce   a. *Un ricordo*   b. *I pastori*   c. *Il fuoco*

2. Annamaria preferisce   a. *Un ricordo*   b. *I pastori*   c. *Il fuoco*

3. Melania preferisce   a. *Un ricordo*   b. *I pastori*   c. *Il fuoco*

11-3. Le doppie. Un'amica egiziana di Karim sta per fare un quiz sul vocabolario. Aiutala a capire come si scrivono certe parole. Ascolta, ripeti e scrivi le parole che senti. Ogni parola sarà ripetuta due volte.

1. _____   4. _____   7. _____   9. _____

2. _____   5. _____   8. _____   10. _____

3. _____   6. _____

11-4. In una classe d'italiano per extracomunitari, si ripassa il vocabolario. Sentirai delle indicazioni per diverse parole. Ogni parola sarà ripetuta due volte. Indovina la parola e inserisci le lettere che mancano, usando le lettere già inserite come guida. Segui l'esempio.

Esempio   Senti: Una persona che ha la cittadinanza in uno stato

Leggi: _ _ tt _ _ ino

Scrivi: *cittadino*

1. _ _ _ _ _ _ minare

5. m _ _ _ _ cu _ _ _ _ _ _ _ smo

2. n _ st _ _ _ _ a

6. m _ _ _ _ iare

3. a _ _ _ _ _ _ _ nza

7. stran _ _ ro

4. n _ z _ _ _ _ _ _ _ à

8. _ _ _ n _ _ tà

STRUTTURA 1

Il congiuntivo imperfetto (*Imperfect subjunctive*)

11-5. Ma io volevo che tu... Annamaria è rimasta un po' male perché certe cose non sono andate come voleva lei. Completa le sue frasi, mettendo i verbi **al congiuntivo imperfetto** secondo il soggetto che senti. Ogni soggetto sarà dato una volta. Ripeti la risposta corretta.

Esempio   Senti e vedi: Volevo che tu venissi a trovarmi.

Senti: i miei amici

Scrivi: *venissero*

Dici: *Volevo che i miei amici venissero a trovarmi.*

1. Volevo che tu vedessi casa mia!

   a. _____   b. _____   c. _____   d. _____

2. Volevo che tu visitassi la casa di D'Annunzio a Pescara.

   a. _____   b. _____   c. _____   d. _____

3. Volevo che tu venissi con noi al Matese Friend Festival.

   a. _____   b. _____   c. _____   d. _____

Track 11-6

11-6. Pratichiamo: Gli studenti stranieri si preparano per l'esame d'italiano. Sentirai una serie di frasi al congiuntivo presente. Ogni frase sarà detta solo una volta. Ascolta e cambia il verbo dal presente **all'imperfetto congiuntivo**. Ripeti la risposta corretta. Segui l'esempio.

Esempio   Senti: che io vada

            Scrivi e dici: *che io andassi*

1. che _____   5. che _____   9. che _____

2. che _____   6. che _____   10. che _____

3. che _____   7. che _____

4. che _____   8. che _____

Track 11-7

11-7. Ancora sul congiuntivo! Ascolta le seguenti frasi. Ogni frase sarà detta solo una volta. Identifica se il verbo al congiuntivo è **al presente, al passato** o **all'imperfetto**.

	congiuntivo presente	congiuntivo passato	congiuntivo imperfetto
1.	❑	❑	❑
2.	❑	❑	❑
3.	❑	❑	❑
4.	❑	❑	❑
5.	❑	❑	❑
6.	❑	❑	❑
7.	❑	❑	❑
8.	❑	❑	❑

STRUTTURA 2

Pronomi relativi (*Relative pronouns*)

Track 11-8

11-8. Come? Cosa hai chiesto? Sei con le tue amiche nel Caffè Bon Bon, ma è molto rumoroso. Riesci a capire le risposte di un'amica, ma non senti bene le domande. Per ogni risposta, indica la domanda corretta. Le risposte saranno ripetute due volte.

1. a. Chi è il ragazzo la cui giacca è rossa?   b. Di chi è la giacca rossa?

2. a. Perché Gianni è qui?   b. Come mai lo conosci?

3. a. Gianni è quello con cui abita Karim?   b. Gianni è quello con cui studia Karim?

4. a. Karim si lamenta di Gianni?   b. Di chi si lamenta Karim?

5. a. Quando Karim non la tollera?   b. Perché Karim non la tollera?

6. a. È la ragazza francese che conosce la mia amica?   b. È la ragazza francese che conosce il mio amico?

7. a. Allora, di che cosa parli?   b. Allora, di chi parli?

8. a. Con chi mangia?   b. Dove la vedi?

Track 11-9

11-9. In altre parole. Melania e Annamaria fanno un gioco che hanno inventato. Bisogna trasformare il pronome relativo che senti, usando **cui** al posto di **quale**. Ogni frase sarà detta solo una volta. Segui l'esempio e ripeti la risposta corretta.

Esempio   Senti e leggi: La piazza nella quale siamo è Piazza d'Arti.
Scrivi e dici: La piazza *in cui* siamo è Piazza d'Arti.

1. La città per la quale partiamo è l'Aquila.

La città _____ partiamo è l'Aquila.

2. La città della quale parliamo è l'Aquila.

La città _____ parliamo è l'Aquila.

3. L'Aquila è la città nella quale c'è stato un tremendo terremoto.

L'Aquila è la città _____ c'è stato un tremendo terremoto.

4. Le persone dalle quali l'Aquila ha ricevuto molto aiuto, erano volontari.

Le persone _____ l'Aquila ha ricevuto molto aiuto, erano volontari.

Track 11-10

11-10. Trova la definizione corretta. Melania ha ricevuto questa lista di parole per il suo corso di economia globale; aiutala a capire il significato. Sentirai otto definizioni, ogni definizione sarà ripetuta due volte. Dopo ogni lettura, scrivi la parola che si abbina alla definizione data. Segui l'esempio.

Esempio Senti: una persona che ha la cittadinanza di uno stato

Scrivi: *cittadino*

culinario	finanziario	interesse	investire
multilingue	orientale	ripercussioni	settore

1. _____   5. _____

2. _____   6. _____

3. _____   7. _____

4. _____   8. _____

Track 11-11

11-11. Quale lavoro fa? In autobus, Annamaria sente varie conversazioni. Ascolta e decidi la professione della persona che parla. Ogni frase sarà ripetuta due volte.

1. a. cuoco   b. banchiere finanziario   c. avvocato

2. a. professore di economia   b. professore di arte   c. professore di letteratura

3. a. segretario multilingue   b. cameriere   c. cuoco

4. a. professore di informatica   b. professore di letteratura italiana   c. professore di lingue straniere

5. a. cameriere   b. medico   c. bambinaia / babysitter

6. a. professore di matematica   b. professore di letteratura italiana   c. professore di informatica

STRUTTURA 3

Il congiuntivo trapassato (*Past perfect subjunctive*)

Track 11-12

11-12. Ma io non avevo capito! Hai sbagliato molte cose e adesso devi scusarti. Rispondi alle frasi che senti con **il congiuntivo trapassato** del verbo scritto. Ogni frase sarà ripetuta due volte. Ripeti la risposta corretta. Segui l'esempio.

Esempio   Senti: Perché non sei venuto al cinema?
Leggi: Pensavo che voi _____ a teatro. (andare)
Scrivi: *foste andati*
Dici: *Pensavo che voi foste andati al teatro.*

1. Pensavo che Dario _____ la festa. (dare)

2. Pensavo che la professoressa _____. (cancellarla)

3. Pensavo che voi _____ al Matese Friend Festival. (andare)

4. Pensavo che Melania e Annamaria _____ di studiare lì. (decidere)

5. Pensavo che tu _____ di portare caffè. (chiedermi)

6. Credevamo che tu _____ una cena per tutti a casa tua. (preparare)

7. Perché non sapevamo che voi _____ una macchina! (comprare)

8. Perché non ero sicura che la bambina _____ già _____. (nascere)

Track 11-13

11-13. Pensavo che...? Tu eri convinto che tutto quello che il tuo amico ti raccontava fosse già successo. Rispondi ad ogni frase che lui dice con "pensavo che..." e metti il verbo **al congiuntivo trapassato.** Sentirai le sue frasi due volte, ripeti la risposta corretta. Segui l'esempio.

Esempio   Senti: Mario è diventato cittadino italiano.
Scrivi: *Mario fosse già cittadino*
Dici: *Pensavo che Mario fosse già cittadino.*

1. Pensavo che (loro) _____.

2. Pensavo che Karim _____.

3. Pensavo che (voi) _____.

4. Pensavo che (loro) _____.

5. Pensavo che (tu) _____.

6. Pensavo che (lei) _____.

7. Pensavo che (voi) _____.

8. Pensavo che (loro) _____.

STRUTTURA 4

Concordanza dei tempi (*Sequence of tenses with subjunctive*)

Track 11-14

11-14. Nel corso d'italiano per extracomunitari, gli studenti studiano il congiuntivo. Sentirai una serie di frasi incomplete. Ogni frase sarà ripetuta due volte. Indica la conclusione corretta di ogni frase.

1. a. non fosse ancora finito.   b. fosse già finito.

2. a. le sue risposte fossero corrette.   b. le sue risposte fossero sbagliate.

3. a. possano studiare.   b. possano mandare SMS.

4. a. Karim abbia nostalgia di casa.   b. Karim non può visitare casa sua.

5. a. si fosse divertito al Festival.   b. si sia divertito al Festival.

6. a. aiuti gli immigrati?   b. aiuta gli immigrati?

7. a. lui fosse africano.   b. lui è africano.

8. a. parliamo nella nostra lingua madre. b. parliamo sempre in italiano.

CAPITOLO 12

GLI ITALIANI UNITI NELLE PIAZZE E NEL MONDO

PRONUNCIA

Track 12-1

12-1. La saggezza dei proverbi. In poche parole, i proverbi insegnano molto! Ogni proverbio sarà letto due volte. La prima volta, ascolta, la seconda volta ripeti le frasi.

a. Bisogna vivere e lasciare vivere.

b. A mangiare e a bestemmiare, tutto sta nel cominciare.

c. Fa il dovere e non temere.

d. Molto parlare e poco sapere.

e. È più difficile fare male che fare bene.

Track 12-2

12-2. Impariamo dai proverbi. Il nonno di Carla adora i proverbi, ma a volte la nipotina non li capisce. Carla spiega il significato con parole semplici. Inserisci la lettera del proverbio che ha un significato simile alla frase che senti. Sentirai le frasi solo una volta. Segui l'esempio.

Esempio Senti: Fai bene ad essere comprensivo e tollerante con altre persone.
Non criticare.
Scrivi: *a*

1. _____ 2. _____ 3. _____ 4. _____

Track 12-3

12-3. Roma storica: I primi re di Roma. Nel tuo libro di storia romana i primi sette re di Roma sono in ordine alfabetico! Per fortuna, hai un podcast che narra i dettagli di ogni re due volte. Ascolta e scrivi le date accanto ai nomi, e poi scrivi un nuovo elenco con i re in ordine cronologico.

1. Anco Marzio, _____ a _____

2. Numa Pompilio, _____ a _____

3. Romolo, _____ a _____

4. Servio Tullio, _____ a _____

5. Tarquinio il Superbo, _____ a _____

6. Tarquinio Prisco, _____ a _____

7. Tullo Ostilio, _____ a _____

8. Nuovo elenco in ordine cronologico: _____ _____ _____

_____ _____ _____ _____

Track 12-4

12-4. Roma oggi: Visitiamo il Palazzo del Quirinale. Ascolta due volte l'invito a visitare il Palazzo del Quirinale, poi decidi se le frasi seguenti sono **vero** or **falso**.

_____ 1. Il Palazzo del Quirinale è situato sul colle più basso di Roma.

_____ 2. La visita guidata è limitata a poche sale.

_____ 3. Il docente che accompagna i visitatori è competente.

_____ 4. Si può visitare il Palazzo del Quirinale di sera.

_____ 5. Non puoi prenotare la visita in anticipo, bisogna fare la fila.

_____ 6. Fanno il cambio della guardia presto al mattino.

_____ 7. Il Palazzo del Quirinale è un palazzo piccolo e moderno.

_____ 8. Le persone in pensione e gli studenti delle scuole elementari non devono pagare il biglietto.

Track 12-5

12-5. Roma responsabile: I doveri dei ministeri. Molto del lavoro quotidiano del governo appartiene ai ministeri. Sentirai cinque descrizioni due volte, ascolta e identifica il ministero nella tabella.

	Il Ministero degli Affari Esteri	Il Ministero della Salute	Il Ministero della Difesa	Il Ministero dell'Economia e delle Finanze	Il Ministero dei Beni Culturali
1.	❑	❑	❑	❑	❑
2.	❑	❑	❑	❑	❑
3.	❑	❑	❑	❑	❑
4.	❑	❑	❑	❑	❑
5.	❑	❑	❑	❑	❑

12-6. La richiesta per una nuova tessera. Leonardo si mette in fila per una nuova tessera elettorale all'ufficio comunale. Mentre aspetta, comincia a meditare. Leggi i suoi pensieri prima di cominciare. Per ogni pensiero, sentirai tre espressioni. Ascolta e scrivi l'espressione che completa meglio la meditazione di Leonardo.

1. Se ho almeno 18 anni, ho il diritto al _____.

2. Mi darà un duplicato della tessera elettorale, se presenterò una _____.

3. Per votare, vado _____.

4. Se vorrò sapere i fatti del giorno, leggerò _____.

STRUTTURA 1

Il periodo ipotetico

Track 12-7

12-7. In fila, Leonardo tende l'orecchio. Sempre in fila per la tessera elettorale, Leonardo nota che molte persone parlano al telefonino mentre aspettano. Come lui, tu puoi sentire solo metà delle conversazioni. Ascolta e scegli la conclusione logica.

1. a. ...farei le ore straordinarie.   b. ...andrei in vacanza e mi rilasserei.

2. a. ...meno persone voterebbero.   b. ...più persone voterebbero.

3. a. ...se andassimo alla festa insieme.   b. ...se andassimo insieme alla lezione.

4. a. ...potreste pulire la casa.   b. ...potreste giocare a calcio.

Track 12-8

12-8. Che tipo d'ipotesi è? Carla è a pranzo con le sue amiche e ascolta le loro chiacchiere. Per ogni frase, indica il tipo d'ipotesi: **reale, possibile** o **irreale.** Sentirai ogni commento una volta.

	reale	possible	irreale
1.	❑	❑	❑
2.	❑	❑	❑
3.	❑	❑	❑
4.	❑	❑	❑
5.	❑	❑	❑
6.	❑	❑	❑

STRUTTURA 2

Sostantivi irregolari e suffissi

Track 12-9

12-9. Giochiamo – solo uno! La nipotina di Carla deve dare la versione singolare per ogni **sostantivo plurale** che Leonardo le dice. Leonardo ripete ogni domanda solo una volta. Segui l'esempio e ripeti la risposta corretta.

> **Esempio** Senti: Quanti problemi ci sono?
> Scrivi e dici: *C'è un problema.*

1. _____   5. _____

2. _____   6. _____

3. _____   7. _____

4. _____   8. _____

Track 12-10

12-10. Più grande o più piccolo? Per questo gioco, bisogna usare i suffissi. Ascolta le descrizioni e cerca di rispondere con **un suffisso** che abbia un significato simile. Le descrizioni saranno ripetute due volte.

> **Esempio** Senti: un problema piccolo, facile da risolvere
> Dici: *problemino*

1. _____   5. _____

2. _____   6. _____

3. _____   7. _____

4. _____   8. _____

12-11. La prima esperienza professionale. Prima di cominciare, guarda le 10 immagini. Ascolta le descrizioni delle prime esperienze professionali due volte, poi scrivi la lettera di ogni descrizione sotto l'immagine corrispondente.

1.

_____

4.

_____

2.

_____

5.

_____

3.

_____

6.

_____

7.

_____

8.

_____

9.

_____

10.

_____

STRUTTURA 3

Il passato remoto (e il vocabolario delle professioni)

Track 12-12

12-12. Il passato è passato! Carla aiuta la nipotina a capire come distinguere tra passato remoto e il passato prossimo—per ogni frase al passato prossimo, indica l'equivalente **al passato remoto.**

Esempio Senti: ho amato

Scegli: _amai_ amasti amò

1. andammo   andaste   andarono

2. vissi   vivesti   visse

3. nacqui   nascesti   nacque

4. leggemmo   leggeste   lessero

5. visitammo   visitaste   visitarono

6. abbandonai   abbandonasti   abbandonò

7. ebbi   avesti   ebbero

8. volli   volesti   volle

9. partiste   partisti   partirono

10. fecero   feci   facemmo

STRUTTURA 4

Uso dell'infinito

Track 12-13

12-13. Come reagisci? Leonardo deve fare un test psicologico in cui bisogna scegliere la conclusione logica per ogni situazione. Ascolta le frasi e poi indica la reazione logica.

1. a. mi fa piacere.
   b. mi fa arrabbiare.

2. a. mi fa paura.
   b. mi fa ridere.

3. a. mi fa piacere.
   b. mi fa partire.

4. a. mi fanno venire la nausea.
   b. mi fanno sentire in forma.

5. a. mi fa piangere.
   b. mi fa ridere.

6. a. mi fanno piangere.
   b. mi fanno ridere.

7. a. mi fa ridere.
   b. mi fa paura.

8. a. mi fa arrabbiare.
   b. mi fa piacere.

Track 12-14

12-14. Quale soluzione daresti? Tutti vengono da te per dei consigli perché sei comprensiva e sei pragmatica. Ascolta i loro problemi e scegli la soluzione logica per ognuno. Ogni problema sarà ripetuto due volte. Ripeti la frase corretta. Segui il modello.

Esempio Senti: Maria è diventata così grassa!

Indica: a. *Devi dirle di mettersi a dieta!*   b. Devi dirle di mangiare di più!

1. a. Fai bene a dimenticarlo, devi trovare un nuovo ragazzo!

   b. Lascialo andare con lei, devi accettare che gli uomini sono fatti così!

2. a. Non lasciarlo entrare, non gli lasciare sporcare la casa!

   b. Devi portarlo in bagno, devi metterlo in un bell'asciugamano caldo.

3. a. Intanto vieni con noi in discoteca, devi trovare qualcuno che pagherà per te.

   b. Devi trovare un lavoro, così puoi smettere di prendere soldi dagli altri!

4. a. Devi dirgli, una volta per sempre, "No"! Devi fargli capire che non vuoi uscire con lui!

   b. Devi evitare di vederlo e devi cercare di non parlargli. Non uscire più di casa!

5.	a.	Devi comprarle una bici e sperare che il traffico di Roma non sia troppo pericoloso.

	b.	Devi convincerla a prendere la patente. Devi spingerla ad essere più indipendente.

6.	a.	Dovete portarlo in biblioteca dove può studiare senza distrazioni.

	b.	Dovete spiegargli che alla fine l'arte conta poco, che solo i voti in matematica contano.

Track 12-15

12-15. In altre parole. Sentirai una serie di frasi con un nome due volte. Ripeti la frase, inserendo un verbo **all'infinito** al posto del nome. Ripeti la risposta corretta. Segui l'esempio.

Esempio	Senti: Una volta, la vita a Roma era più facile.

	Vedi: Una volta, _____ a Roma era più facile.

	Dici : Una volta, _vivere_ a Roma era più facile.

1.	_____ altre lingue è molto utile.

2.	_____ era lo sport preferito di Mario.

3.	_____ è divertente, particolarmente in discoteca.

4.	_____ è una grande parte del nostro progetto.

5.	_____ è costoso ma bello.

6.	_____ è la mia passione!

7.	_____ è divertente.

8.	_____ sarebbe lungo e complicato.